Mabuhay ang Pilipinas !

© AUTHOR'S IMAGE

Jeune pêcheuse.

Cet archipel de 7 107 îles est encore un paradis méconnu... Les Philippines se méritent, mais le voyageur curieux qui souhaite sortir des sentiers battus est largement récompensé. Faire le voyage, c'est s'adapter au rythme d'un peuple nonchalant, oublier les contrariétés et se laisser imprégner par la joie de vivre de ses habitants qui en ont fait une arme pour affronter un quotidien souvent difficile. Le nouvel arrivant peut découvrir ces terres où la nature a partout posé son empreinte. Les kilomètres de côtes ponctuées de plages de carte postale et baignées d'eaux limpides sont depuis longtemps connus des plongeurs qui viennent profiter de sites parmi les plus prisés au monde pour leur faune et leur flore sous-marines sans équivalent. Mais le spectacle est aussi hors de l'eau et nul besoin d'être plongeur pour jouir du farniente sur un des confettis de l'archipel de Bacuit à Palawan ou sur une crique de Siquijor, « l'île des sorcières ». Le paradis est de ce monde. On quitte les Philippines avec le souvenir de bancas voguant sur les eaux claires de Boracay, du petit village de Batad perdu au milieu d'un amphithéâtre de rizières, d'une rencontre avec un requin-baleine au large de Donsol, d'éclats de rire d'enfants ; et surtout avec le secret espoir d'emporter un peu de cette douceur de vivre, le goût acidulé d'une mangue...

© AUTHOR'S IMAGE

Maison de marabout.

Sommaire

Découverte

Visite

© ARNAUD BONNEFOY

L'extraordinaire beauté de l'île de Coron au large de Busuanga.

© AUTHOR'S IMAGE

Cocktail les pieds dans l'eau.

Pense futé

Les Philippines

PANAY
SAMAR
Tacloban
Leyte méridional
El Nido
Passe est de Cuyo
Passe ouest de Cuyo
Cuyo
1917 m.
Capiz
Bantayan
Bogo
Ormoc
Leyte
Golfe de Leyte
Homonhon
Iloilo
Antique
San Jose
Baybay
Pacijan
Cebu
Poro
Mer de Camotes
Dinagat
Roxas
Dumaran
Guimaras
Bacolod
Cebu
Détroit de Tanon
Passage de Palawan
Bacungan
Trinitian
Golfe de Panay
Volcan Canlaon 2450 m.
Détroit de Bohol
Lutao
Maasin
Panaon
Sapao
Siargao
Puerto Princesa
Negros occidental
CEBU
Bohol
Bohol
Surigao
Surigao du nord
Bucas Grandes
PALAWAN
Victoria Peaks 1798 m.
Tagbilaran
MER DE MINDANAO
Lac Mainit
NEGROS
Bais
Tanjay
Camiguin
2012 m.
Tandag
PALAWAN
Negros oriental
Siquijor
Camiguin
Mt Mantalingajan 2085 m.
Misamis occ.
Masamis oriental
Butuan
Marangas
Dipolog
Oroquieta
Cagayan de Oro
Agusan
Surigao
Baie d'Iligan
Bugsuk
Mt Malindang 2425 m.
Mt Kaatoan 2896 m.
Zamboanga du nord
Marawi
Malaybalay
MER DE SULU
Lanao du nord
Mt Kalatungan 2824 m.
Balabac
Pagadian
Siocon
Lac Lanao
Davao du nord
2804 m.
Zamboanga du sud
MINDANAO
Davao oriental
Cotabato
Davao
Cagayan Sulu
Zamboanga
Golfe de Moro
Datu Piang
Mt Apo 2954 m.
Samal
Mati
Détroit de Basilan
Isabela
Cotabato
Lac Buluan
Digos
Golfe de Davao
Basilan
Pangutaran
General Santos
Davao du Sud
Jolo
Groupe des îles samales
Mt Busa 2083 m.
Cotabato du Sud
Sandakan
Archipel des Sulu
SULU
Jolo
MER DES CELEBES
MALAISIE (SABAH)
Passage Sugbai
Groupe des île Tapul
Balut
Sarangani
Tawitawi
Balimbang

T'Bolis, le peuple du lotus.

Les plus des Philippines

Aventure

Elle est à portée de main. Un petit trajet en bus ou en Jeepney et c'est déjà l'avenure. Sac à dos et appareil photo prêt à être déclenché, l'aventure peut survenir à tout moment aux Philippines ; que ce soit en explorant des grottes où sont déposés des cercueils, en escaladant des volcans ou en se perdant dans les rizières en terrasses. Aux Philippines, on a l'opportunité de pratiquer tous les sports possibles et inimaginables. En dehors de la plongée, une multitude d'activités comme la pêche, la planche à voile, le jet-ski, l'escalade, la spéléologie, la marche à pied, l'équitation ou le golf sont proposées aux visiteurs.

© AUTHOR'S IMAGE

Rizières en terrasses de Banaue.

Un climat tropical

Les Philippines ont un climat chaud et humide auquel on s'habitue rapidement. Le temps est idyllique toute l'année. Et bien que la saison humide voie s'abattre des pluies abondantes sur le pays de mai à novembre, on peut établir son itinéraire en choisissant les parties du pays les plus épargnées. En outre, les températures ne descendent que très rarement en dessous de 25 °C. Il est donc bien agréable de profiter d'un temps clément quand les Européens se protègent de l'hiver rigoureux.

Des îles variées et paradisiaques

Le pays compte plus de 7 000 îles paradisiaques qui font le bonheur des voyageurs. Le Robinson souhaitant s'isoler du reste du monde peut trouver un confetti inhabité où planter sa tente ; les amateurs de stations balnéaires n'ont que l'embarras du choix pour poser leur sac à dos sur une plage animée ; le plongeur en quête de récifs coralliens est au paradis... Peu de pays peuvent se targuer d'offrir une si grande diversité d'îles à leurs visiteurs, chacune ayant son caractère et méritant une visite.

Un peuple chaleureux et accueillant

Les Philippins, bien que possédant une identitée culturelle marquée, ont vu celle-ci se dilluer au contact de la culture américaine qui impègne désormais la société. Première conséquence importante pour le voyageur, la majorité des Philippins parlent parfaitement anglais, ce qui facilite grandement la communication et permet d'échanger avec des habitants très curieux de l'autre et ouvert sur les cultures étrangères. L'hospitalité fait partie du savoir-vivre philippin. Les habitants sont toujours ravis de pouvoir renseigner le voyageur égaré, lui donner des informations sur leur ville ou leur région. Toujours souriants malgé les épreuves, les Philippins font partager au voyageur leur joie de vivre. Ils aiment faire la fête, chanter et danser malgré un quotidien souvent difficile.

Coût de la vie

Il est nettement moins élevé aux Philippines qu'en Europe. C'est donc une destination qui peut convenir aux voyageurs « petit budget ». On peut se loger et se nourrir pour des sommes très raisonnables. A tarifs équivalents, les prestations hôtelières sont bien plus qualitatives aux Philippines qu'en Europe.

Des richesses naturelles inépuisables

Les Philippines offrent une grande diversité de paysages. Les plages de sable blanc côtoient les plages de sable noir, tandis qu'à l'intérieur

© AUTHOR'S IMAGE

Homme de l'ethnie Higaanon.

des terres les volcans sont à l'origine de sources chaudes ou abritent des grottes dont la plupart sont encore inexplorées. Des pitons karstiques jaillissent des eaux couleur émeraude de Palawan. Les forêts primaires abritent une faune et une flore très variées avec plusieurs espèces endémiques à l'exemple du tarsier, minuscule primate... Le regard n'en finit pas de s'enchanter.

La découverte de tribus originaires

Elles sont nombreuses aux Philippines. Leur mode de vie n'a pas changé depuis des siècles ; elles vivent toujours dans de petites maisons sur pilotis et se nourrissent grâce à la chasse, à la pêche et à l'agriculture. Certaines de ces tribus produisent un artisanat de grande qualité.

Fiche technique

Argent

Argent

- **Monnaie :** le peso philippin.

Taux de change en mars 2011

- **1 €** = 60,04 P.
- **1 US$** = 43,65 P.
- **1 franc suisse** = 46,04 P.
- **1 $ canadien** = 43,72 P.

Les Philippines en bref

Le pays

- **Nom :** Philippines.
- **Capitale :** Manille.
- **Superficie :** 300 000 km^2.
- **Nature du régime :** démocratie présidentielle.
- **Nombre d'îles :** 7 107.
- **Pluviométrie :** 2 030 mm par an.
- **Températures moyennes :** de 24 à 31 °C.
- **Fête nationale :** 12 juin.

La population

- **Population :** 92 millions d'habitants (estimations juillet 2012).
- **Densité de la population :** 326,6 hab./km^2.
- **Population urbaine :** 65 % (2012).
- **Espérance de vie :** 71,4 ans.
- **Croissance démographique :** 1,80 % (2011).
- **Taux de natalité :** 3,23 enfants/femme.
- **Langue officielle :** tagalog.
- **Langues courantes :** tagalog, anglais et visaya.
- **Religion :** catholique (86 %), musulmane (5 %), protestante (6 %), bouddhiste (1,5 %), autres.
- **Analphabétisme :** 7,2 % pour les hommes, 7,3 % pour les femmes.

Le drapeau philippin

Le drapeau philippin a été hissé dans sa forme actuelle le 12 juin 1898. La couleur blanche symbolise la pureté (triangle blanc sur la gauche) ; le bleu, la paix et l'égalité ; le rouge, le courage et la persévérance. Le soleil représente la liberté. Ses huit rayons évoquent les huit provinces qui se sont révoltées contre le gouvernement espagnol. Enfin, les trois étoiles symbolisent l'unité des principales régions : Luzon, Visayas et Mindanao.

L'économie

- **PIB :** 116,9 milliards US$.
- **PIB par habitant :** 3 900 US$ (en 2011 en parité de pouvoir d'achat).
- **PIB par secteur :** agriculture 14,8 %, industrie 30,2 %, services 55 % (2009).
- **Population en dessous du seuil de pauvreté :** 32 % (estimations 2009).
- **Chômage :** 8,2 %.

Climat

Les Philippines ont globalement un climat tropical, chaud et humide, tout au long de l'année. La moyenne d'humidité s'élève à 77 %. La température moyenne est de 25 °C. La majeure partie du pays connaît un climat de mousson, avec une saison sèche, plus favorable au tourisme de novembre à mars, quand les températures varient entre 22 et 28 °C. Seul le sud de Mindanao est caractérisé par un climat équatorial.

Femmes de l'ethnie Talaandig.

Décalage horaire

+ 6 heures en été et + 7 heures en hiver entre Manille et Paris. Quand il est midi à Paris, il est 18 heures à Manille.

Carrageenan (culture d'algues).

Les Philippines en 10 mots-clés

Banca

Les *bancas* sont ces embarcations qui permettent de voguer d'île en île. Il existe des petites *bancas* pour une à deux personnes et d'autres de taille beaucoup plus importante pouvant accueillir jusqu'à cinquante personnes. Ces sortes de pirogues à balancier en bambou ont la particularité d'être très stables et peuvent sortir par presque tous les temps. De retour chez vous, loin des Philippines, vous aurez certainement en tête des images de *bancas* colorées sur la plage au soleil couchant.

Buko

C'est le nom qui caractérise la noix de coco pas encore complètement mûre. Ses vertus seraient multiples. On dit ainsi qu'en consommer nettoie les reins et que c'est le meilleur remède contre la gueule de bois. Son huile fait briller les cheveux et nourrit la peau. Aussi voit-on tous les matins les Philippins acheter leur verre de *buko juice* très sucré dans les rues de Manille. On peut aussi demander à boire le jus directement dans la coco tranchée.

Famille

Aux Philippines, la vie est rythmée par la famille. En effet, les plus jeunes doivent le respect à leurs aînés et il est très commun de voir une quinzaine de personnes vivre sous le même toit. Il faut savoir que lorsqu'on épouse un Philippin, on épouse aussi et surtout sa famille. De manière générale, les familles sont très soudées.

Grottes

Les îles des Philippines sont truffées de grottes encore non explorées. Les fouilles archéologiques sont nombreuses dans la vallée de Cagayan où des fossiles d'animaux et des outils ont été découverts. Les plus anciens restes humains ont été trouvés dans la grotte de Tabon, sur Palawan. Ils datent d'environ 22 000 ans av. J.-C. On pratique la spéléologie, également dans les montagnes de Luzon, à Sagada par exemple.

Jeepney

La Jeepney est le symbole des Philippines, et c'est d'ailleurs le seul pays au monde à avoir ce type de transport. Ces engins sont en fait des Jeep laissées par les Américains après la Seconde Guerre mondiale et qui ont été reconstruites. Selon les provinces où l'on se rend, elles sont plus ou moins décorées et ornées de lumières. La musique y est de préférence à fond, et l'on paie généralement le chauffeur pendant qu'il conduit. C'est un moyen de transport très pratique en ville comme dans les campagnes.

Kalamansi

Ce tout petit citron vert est un indispensable de la cuisine philippine qui l'utilise dans de nombreux plats. On le boit surtout en jus, chaud ou froid. C'est juste délicieux !

Plage

Avec plus de sept mille îles, les Philippines offrent aux voyageurs une multitude de plages de sable blanc, de sable noir... Certaines sont probablement parmi les plus belles d'Asie dans l'archipel des Visayas ou l'archipel de Bacuit. C'est pour venir s'y étendre que se pressent nombre de touristes aux Philippines. Et comme ils ont raison !

Tarsier

C'est le plus petit primate du monde. Il est endémique des îles de Bohol et Mindanao. Il est en voie de disparition et certains Philippins s'investissent pour préserver ce petit animal intrigant avec ses yeux énormes, une tête qu'il peut tourner à 360°, et qui se nourrit exclusivement d'insectes. Il a été popularisé par les campagnes de l'office de tourisme qui en a fait une attraction phare de l'île de Bohol.

Typhons

Ils font leur apparition en juin de chaque année lorsque débute la saison des pluies. Certains d'entre eux font des ravages et paralysent le nord du pays tandis que d'autres n'apportent que du vent ou de la pluie. Les Philippins sont habitués à faire face aux catastrophes naturelles engendrées par ces cataclysmes climatiques.

Volcan

Les Philippines sont une terre volcanique. Les volcans, dont certains sont toujours en activité, peuplent les îles. De temps à autre, on entend les grondements de ces derniers... Ils fertilisent les terres, abritent des grottes et font le bonheur des randonneurs. Ils sont parsemés dans l'archipel. Le plus haut et le plus exotique est le mont Apo sur Mindanao. Le plus majestueux, avec son cône parfait, est le mont Mayon au sud de Luzon. Le mont Canlaon, très large et accidenté, se trouve au Negros occidental. Au nord de Manille, le mont Pinatubo offre de beaux paysages de sable et de cendres. Le petit volcan Taal, au sud de Manille, fait l'effet, au milieu du lac, d'une île dans l'île.

Singe tarsier, le plus petit primate du monde.

Survol des Philippines

Géographie

Les îles des Philippines forment l'archipel le plus grand du monde, étiré sur 2 000 km du nord au sud et d'une longueur de 1 094 km d'est en ouest. Sa superficie couvre 300 780 km². L'archipel regroupe environ 7 100 sept îles : tout dépend si la marée est haute ou basse. Il faudrait plusieurs années pour les explorer toutes. Une grande majorité est inhabitée (environ cinq mille). Seulement trois mille cent quarante-quatre portent un nom. Les groupes d'îles les plus importants sont Luzon, Mindanao, Negros, Samar, Leyte, Cebu, Masbate, Panay et Palawan. Avec leur caractère très maritime, les Philippines offrent des côtes totalisant 34 600 km. C'est le littoral le plus long du monde. Ces côtes découpées sont souvent bordées de récifs de corail. Les nombreuses baies permettent d'intenses activités halieutiques. En effet, il y a 61 ports naturels ; celui de Manille s'étend sur 1 970 km².

© AUTHOR'S IMAGE

Découverte des rochers calcaires en kayaks de mer.

Environnement et écologie

C'est seulement à partir de 1989 qu'une loi interdit la déforestation. L'exploitation industrielle est aussi un facteur important. Criblé de dettes, le pays a longtemps exporté son bien principal, le bois. Pour limiter le déboisement qui touche l'ensemble du pays, mais sans moyens de contrôle, le gouvernement des Philippines a reconnu l'importance d'une exploitation réfléchie. Il restreint l'exportation du bois travaillé et interdit celle des provinces comportant moins de 40 % de forêts. Il impose également à toute personne de sexe masculin âgée de plus de 10 ans de planter un arbre par an. La loi est dirigée contre les *kaingineros*, ceux qui s'adonnent au *kaingin*, c'est-à-dire la culture sur brûlis, on ne peut plus dévastatrice pour la forêt. Il est malheureusement difficile de contrôler ces actes, qui sont toujours d'actualité, surtout au sein des tribus ethniques. Mais le *kaingin* n'assure que quelques années de culture, car le sol s'épuise rapidement. Les tribus sont donc contraintes de se déplacer pour répéter ailleurs le processus (pas plus de deux ou trois récoltes pour une parcelle).

Les phénomènes naturels

Les Philippines sont exposées à des phénomènes naturels très divers, qui continuent à façonner la physionomie de l'archipel : des éruptions volcaniques, des typhons, la mousson, des cyclones tropicaux et des tremblements de terre. Les séismes sont fréquents. L'archipel appartient à ce que l'on appelle la « ceinture de feu du Pacifique », une chaîne volcanique active. Les principaux sommets de l'archipel sont des volcans ou montagnes de feu. Il y en a trente-sept, dont dix-huit en activité, ce qui veut dire qu'il faut prévoir de huit à quarante ans entre chaque éruption. Le sud de Luzon comprend à lui seul treize volcans en activité. Le plus actif est le volcan Mayon à Legaspi suivi du volcan Taal à Batangas, et du mont Hibok-Hibok à Camiguin. Le mont Pinatubo, au nord-ouest de Manille, est surveillé à Central Luzon par Philvocs (Philippine Institute of Volcanology and Seismology). C'est l'agence gouvernementale qui étudie les phénomènes volcaniques, surveille les réactions et prévoit les éruptions ainsi que les tremblements de terre. Les typhons entraînent des catastrophes redoutables. En 1995, le super typhon Rosing provoqua la mort de 1 180 personnes. Le 1er décembre 2006, le typhon Durian entraîna des coulées de boue qui ensevelirent plus d'un millier d'habitants vivant au pied du mont Mayon. Le 18 octobre 2010, le super typhon Megi causa de nombreuses coulées de terre avec des vents entre 225 et 260 km/h, mais il n'y eut pas beaucoup de victimes. Les typhons peuvent survenir de mai à janvier dans certaines régions, mais ils sévissent généralement entre juin et octobre. Presque toutes les régions du pays sont exposées. Le nord du pays est très vulnérable. La partie méridionale, située au-dessus de 8° de latitude Nord, est presque libérée de ce phénomène. De 8° à 11° de latitude Nord, les typhons sont un peu plus fréquents, mais les cultures de canne à sucre n'en sont pas affectées. De 11° à 13° de latitude Nord, les typhons sont fréquents et destructeurs. Les cyclones tropicaux sont les plus dévastateurs. Ils atteignent surtout le nord de l'archipel.

Typhon au large de l'île de Bantayan.

Réserves et parcs nationaux

Pour observer la nature aux Philippines, le choix est presque trop important, un séjour est insuffisant pour en être rassasié. Les treks, dans les forêts ou les montagnes, sont organisés partout, encadrés par des guides locaux. On procède dans les deux sens, les remontées puis les descentes des rivières et des volcans actifs ou endormis. La découverte du monde marin dans les sanctuaires où le corail est protégé est une magnifique expérience.

Parcs nationaux

De superbes paysages et de grands espaces de montagnes et de forêts tropicales caractérisent l'ensemble de l'archipel. Les rivières et chutes d'eau, les sources chaudes ou froides et les lacs sont abondants. Au total, les Philippines offrent près de 70 parcs nationaux ou « naturels ». Mais la plupart d'entre eux ne répondent pas aux critères internationaux. Le premier fut créé en 1932. Certains sont cependant des réussites ; ainsi avec près de 500 000 ha, le parc national de Northern Sierra Madre sur l'île de Luzon couvre 50 % de la forêt primaire des Philippines à lui seul. La El Nido Marine Reserve comprend le merveilleux archipel de Bacuit et tente de préserver cet environnement si précieux. Un autre exemple est celui du parc national des monts Iglit-Baco sur l'île de Mindoro dont la préservation est cruciale pour la survie d'une espèce rare de buffle d'eau dont l'habitat a été sérieusement réduit par les pratiques agricoles des indigènes Mangyans.

Faune et flore

Faune

Les îles des Philippines comptent des variétés singulières d'animaux que l'on pourrait classer de la façon suivante.

Les intrigants. Le skunk, très odorant (mais rien à voir avec une variété de cannabis !), ressemble à

Présentation des espèces endémiques de papillons.

un porcin noir. Cet animal sauvage s'introduit dans les maisons la nuit et son odeur est pire que celle du putois. Le bearcat est un carnivore qui ressemble à une fouine, tandis que le tarababoy a une tête de phacochère et un corps de rongeur. Le tarsier, originaire de l'île de Bohol (Corella, Looc), est le plus petit primate du monde : il mesure de 10 cm à 12 cm. Ses gros yeux ronds lui mangent la tête.

Les majestueux. L'aigle philippin, ou haribon, surnommé « monkey-eating eagle », est le plus grand aigle du monde. Symbole de puissance, il est aussi l'emblème du pays. Le fameux Palawan peacock est un oiseau remarquable avec sa crête bleue ; c'est aussi une espèce en voie de disparition qu'on ne trouve qu'à Palawan. La faune marine est aussi très diverse et majestueuse. On est impressionné par les requins-baleines de Donsol notamment, tellement placides, ou encore par les dugongs qui passent leur journée à se repaître des algues qui tapissent le fond des océans.

Les agressifs. Le crocodile philippin, le plus gros des reptiles, vit à Mindanao et à Palawan. Cette espèce préhistorique est en voie de disparition. Son nom local buwaya veut dire « famélique ». Les zones arides sont plus propices aux serpents. Parmi tant d'autres, on trouvera les cobras et les pythons (qui peuvent atteindre 10 m). Le cigalo, un serpent de mer à l'air débonnaire, est l'un des plus agressifs. De couleur argentée lorsqu'il est jeune, il devient blanc rayé de noir à l'âge adulte et peut mesurer jusqu'à 2,50 m. Son venin est

© AUTHOR'S IMAGE

Aigle des singes (Great Philippine Eagle), espèce endémique des Philippines.

dix-sept fois plus puissant que celui du cobra. Par chance, il ne mord que très exceptionnellement.

Les domestiques. Les chiens et les chats sont nombreux. Ils sont le plus souvent domestiqués. Le chien n'a cependant pas toujours été l'ami du Philippin. Il s'est longtemps fait déguster en *polotan* (une recette de chien macéré). Une loi interdit désormais de les tuer pour les manger. Le nombre de chiens errants est impressionnant, notamment sur les petites îles. Il faut d'ailleurs être extrêmement prudents en deux-roues car les chiens restent au milieu de la route provoquant de nombreux accidents. Par ailleurs, le taux de rage est important : il est donc préférable de rester éloigné des populations de chiens errants.

© AUTHOR'S IMAGE

Le durian se reconnaît à son odeur particulière !

Les incontournables. Les coqs sont partout, coqs fermiers ou fous du ring, ils chantent à n'importe quelle heure. On ne peut faire un pas sans rencontrer un coq dans les environs, aux abords des routes et des habitations. Vous les remarquerez inévitablement sur les toits des Jeepney, se rendant à une compétition quelconque. Le week-end est la grande sortie du coq sportif. Il va se battre comme un lion dans l'arène. Le soir résonne le cris du gecko (gros lézard multicolore), qui s'introduit dans les maisons. Les rencontres avec les varans et les macaques sont fréquentes dans la forêt.

Flore

La végétation est particulièrement exubérante. La forêt couvrirait aujourd'hui moins de 30 % du territoire (contre 75 % au début du XXe siècle). Elle est la jungle impénétrable dans laquelle les diverses ethnies se sont réfugiées au fur et à mesure des invasions, tenant à rester à l'écart de la société. Les forêts tropicales qui représentent 10 % de la surface totale du pays, les bois des montagnes avec des sapins natifs (nord de Luzon), les mangroves et les marais recèlent plus de dix mille espèces différentes d'arbres. Les espèce endémiques sont nombreuses. Le narra (*Pterocarpus indicus*), une espèce d'acajou au bois noble et dur, est considéré comme l'arbre national. Il est utilisé pour l'ameublement et les sculptures décoratives. Les imposants manguiers géants ne sont pas en voie de disparition aux Philippines. On en trouve dans les jardins publics ou privés. On remarque aussi de superbes orchidées dans les forêts. La plus célèbre, la Vanda sanderiana, est originaire des forêts de Mindanao. En dessous de 1 000 m, les bambous et les cocotiers ombragent les plaine. Les nipas et le rotin poussent partout à l'état sauvage ; vous remarquerez également de nombreux arbres fruitiers comme les papayers, les arbres de *jackfruits*, les arbres à durians, les bananiers et les abacas. Les plantations de cocotiers et de canne à sucre s'étalent à perte de vue.

Histoire

Les origines

A l'origine, ce sont les Negritos, ou Aetas, qui peuplent les Philippines. Cette population subsiste aujourd'hui dans l'archipel. Ces hommes de petite taille, à la peau noire et aux cheveux crépus, vivent de cueillette et de chasse. Plus tard, ce sont les Indonésiens, mêlés aux Caucasiens et aux Mongols qui peuplent l'archipel par vagues successives. La structure est féodale. Les agriculteurs sont des serfs soumis aux grandes familles. La femme occupe une position reconnue comme égale de l'homme. C'est elle qui choisit le prénom de l'enfant.

- **À partir de 600.** Les premiers peuples indo-malais arrivent. Les Philippins sont en contact avec les royaumes indianisés de Sri Vijaya (Sumatra) et de Madjapahit (Java).

- **800.** Les Chinois entretiennent des échanges commerciaux. Ils installent des communautés permanentes sur l'archipel. Ils apportent la porcelaine, la soie et le coton.

- **1000.** Les habitants de l'archipel se distinguent par une activité commerciale intense avec leurs voisins, les Chinois, les Indonésiens, les Indiens (dont l'influence se traduit par la religion bouddhiste), les Arabes et les Malaisiens qui introduisent l'islam dans les îles de Sulu. Le mélange de ces races s'effectue sans problème majeur. Les Philippins n'ont pas de langage commun, mais les dialectes principaux sont le tagalog, l'ilocano et le bicol.

Les conquistadors

- **En mars 1521,** Fernand de Magellan, le grand navigateur portugais naturalisé espagnol, débarque sur l'île de Samar. Il fait connaître les Philippines au reste du monde. Le roi de Cebu, Rajah Humabon, joue un rôle important à l'arrivée des colons. Il autorise les Espagnols à traiter directement avec les aborigènes. Magellan convertit peu à peu les chefs au christianisme. Seul le chef Lapu-Lapu, qui règne sur l'île de Mactan, oppose une vive résistance. La lutte qui s'engage contre ses guerriers met fin au voyage du grand navigateur. Cette célèbre bataille symbolise le premier triomphe des Philippins pour préserver leur liberté. Néanmoins, l'archipel reçoit le nom de l'infant Philippe, prince héritier de la couronne de Castille et futur roi sous le nom de Philippe II d'Espagne. Les îles sont baptisées « Felipinas ».

1564. Le peuple philipin, déjà habitué à accueillir les visiteurs sur son rivage, voit arriver la seconde vague de conquistadors espagnols, qui colonisent ces îles, considérées comme un véritable trophée. Les activités principales sont alors tournées vers la mer. Les communautés locales entretiennent des relations commerciales avec les Chinois, les Arabes et d'autres marchands musulmans. Les marins qui se livrent à l'échange sont appelés « sea gypsies ».

Dès novembre 1565, le conquistador Miguel López de Legazpi se dirige sur l'île de Bohol, avant de partir à la conquête de Cebu, qui deviendra la première ville des Philippines. Un premier fort y est édifié. Legazpi conquiert Manille six ans plus tard. Le 24 juin 1571, il en fait la capitale de l'archipel ; en outre, il devient le premier gouverneur général espagnol.

1574. La première révolte philippine est menée par Lakandula, le dernier roi de Manille, qui avait accueilli Legazpi. Après la mort de ce dernier, les Espagnols ne tiennent pas leurs promesses et la population est de plus en plus maltraitée. La révolte éclate, mais sans succès. En dépit des efforts réitérés des Portugais et des Hollandais pour chasser les occupants de l'archipel, les Espagnols tentent de s'y installer définitivement. Un siècle suffira à ces conquérants pour faire table rase des cultures locales. Le christianisme se répand à Luzon et aux Visayas, mais à Mindanao la religion musulmane s'avère la plus forte. Les Philippins perdent petit à petit leurs langues et leurs écritures. Les croyances occultes et les clans familiaux deviennent alors les seuls refuges.

Entre 1565 et 1813, les Philippines sont administrées par le vice-roi du Mexique. En 1821, après l'indépendance du Mexique, Madrid exerce une souveraineté directe sur les Philippines. Toute la durée de cette occupation est marquée par de nombreuses rébellions. Plus de cent soulèvements ont lieu, dont certains visent à renverser le pouvoir établi. Beaucoup sont dus à la rigueur de l'administration espagnole ainsi qu'à la rapacité et à l'intolérance des ordres religieux. Les terres sont redistribuées aux communautés religieuses qui exploitent les fermiers établis sur leurs propriétés.

La révolution ou le nationalisme philippin

En 1864, le père Burgos dirige une des premières manifestations du nationalisme philippin, contre les moines espagnols, qu'il accuse d'occuper toutes les places aux dépens du clergé local.

En 1871, au moment où la monarchie est rétablie en Espagne, des mesures sont prises pour combattre cette poussée du nationalisme. Les prêtres philippins ont l'interdiction de dire la messe : cette provocation est la plus forte ; le nationalisme se répand dans tout le pays. La révolution sous-jacente, la première d'Asie, s'organise.

▸ **En 1880,** un jeune journaliste, médecin et écrivain, José Rizal (devenu le héros national), sème les graines de la révolte à travers ses écrits et ses activités. Il rejette la violence et souhaite redéfinir les rapports entre la métropole et les Philippines, afin que ces dernières deviennent une province de l'Espagne à part entière. A Barcelone, un groupe de Philippins (entre autres José Rizal) et d'Espagnols de même tendance fonde la Sociedad hispano-filipina, dont le journal *La Solidaridad*, fait sensation.

▸ **En 1892,** Andres Bonifacio fonde le Katipunuan, qui est à l'origine de l'insurrection armée d'août 1896 précédant la mort de Rizal. Cette organisation secrète ne possède aucun programme social et accepte l'idée de l'indépendance, ainsi que la pratique de la violence.

▸ **En 1896,** José Rizal est fusillé par les Espagnols au pied de la forteresse d'Intramuros. Ces derniers le considèrent comme le responsable des premières insurrections nationalistes. Après la mort de Rizal, la révolution philippine prend son essor avec Andres Bonifacio, puis Emilio Aguinaldo.

▸ **1897.** Emilio Aguinaldo décide de se rapprocher des Américains, au moment même où ces derniers se disputent le Mexique avec les Espagnols. Il prend la tête de la lutte pour l'indépendance, mais rapidement, il capitule et se retrouve contraint d'émigrer à Hong Kong. Là, il se lie avec l'amiral Dewey, qui reçoit l'ordre de détruire les forces navales espagnoles en Extrême-Orient.

▸ **Dans la nuit du 30 avril 1898,** la mission se révèle être un succès ; les Espagnols sont vaincus. Le 19 mai, Aguinaldo et ses compagnons débarquent à Cavite où les honneurs militaires leur sont rendus. Le 12 juin, l'indépendance est proclamée.

Leyte Landing Memorial (MacArthur Park) : le général Douglas MacArthur débarquant aux Philippines.

En janvier 1899, la République est proclamée, alors que l'archipel a été vendu aux Etats-Unis en juin 1898, lors du traité de paix de Paris, moyennant la somme de 20 millions de dollars.

Vers une indépendance fragile

A la confrontation succède la cohabitation. Les Américains ne souhaitent pas commettre les mêmes erreurs que les Espagnols.

De 1900 à 1915, les Américains s'emploient à lutter contre le nationalistes extrémistes et finissent par imposer un système économique complètement dépendant des Etats-Unis, laissant place à une période de progrès. Le parti nationaliste créé en 1907 se maintient au pouvoir, sous le contrôle américain, jusqu'en 1946. Ce parti, constituant l'élite restreinte, réclame, en parole, l'indépendance, mais redoute de rompre les liens économiques avec les Etats-Unis. Au sein de ce groupe, deux hommes, Manuel Quezon et Sergio Osmeña, s'affronteront.

La crise économique de 1929. Plusieurs paramètres amènent le congrès de Washington à envisager l'indépendance des Philippines : la crise économique de 1929, le mécontentement des agriculteurs américains qui redoutent la concurrence des produits philippins, l'influence de l'American Federation of Labour hostile à l'entrée de la main-d'œuvre philippine aux Etats-Unis et la sauvegarde des intérêts sucriers américains à Cuba.

En 1934, Franklin Delano Roosevelt reconnaît la nouvelle Constitution des Philippines, qui entrent dans une période d'indépendance sous tutelle appelée « Commonwealth ». Manuel L. Quezon devient président.

En 1941, lors de la Seconde Guerre mondiale, le Japon s'empare des Philippines. L'année 1942 voit le drapeau japonais flotter sur Manille. Dès le mois de mars de cette année, le mouvement de résistance Huk se met en place.

Le 4 juillet 1946, l'indépendance nationale est déclarée. Manuel A. Roxas devient le premier président de la République. Les Etats-Unis conservent cependant des privilèges commerciaux. Roxas est confronté à une énorme tâche : reconstruire entièrement le pays, dont l'industrie et l'économie sont ruinées.

De l'indépendance à nos jours

1965. Ferdinand Marcos est élu, devenant ainsi le sixième président des Philippines. Sa politique intérieure relève la production agricole et industrielle du pays.

1969. Réélection de Marcos. Il mène désormais une politique pro-américaine, se mettant à dos les paysans délaissés, les étudiants et les gauchistes.

1972. Le président Marcos proclame la loi martiale et fait arrêter son principal opposant, Benigno Aquino. Il instaure un régime dictatorial ; avec sa femme Imelda, il accapare tous les pouvoirs.

1983. L'assassinat de Benigno Aquino, le 21 août, déclenche une campagne antigouvernementale qui voit émerger un nouveau chef, sa veuve Corazon Aquino (plus connue sous le nom de Cory Aquino).

1984. Les élections législatives mettent en avant l'opposition. En février, la création de l'Unido rassemble douze partis de l'opposition.

1986. Après la chute du commandant Marcos en février, le pays voit naître la démocratie à travers l'élection de Cory Aquino (PDP-Laban, Philippine Democratic Party). Son vice-président n'est autre que le chef de l'Unido, Salvador Laurel. Un soulèvement du peuple philippin, en juillet, contraint Marcos, à l'exil à Hawaii. Les soulèvements communistes et musulmans se poursuivent. L'apprentissage de la démocratie s'annonce difficile.

1991. L'éruption du volcan Pinatubo au mois de juin est catastrophique, entraînant des effets économiques désastreux qui affaiblissent le gouvernement de Cory Aquino.

2001. Le président Estrada, accusé d'avoir touché des millions de dollars de pots-de-vin et d'avoir détourné l'argent public, est destitué. En novembre 2000, une procédure d'*impeachment* a été votée contre lui par la Chambre des représentants. En janvier 2001 : les Philippins descendent dans la rue pour réclamer son départ. Gloria Macapagal-Arroyo, ancienne vice-présidente d'Estrada, prend sa place à la tête du pays.

En mai 2004, Gloria Macapagal-Arroyo est réélue à la présidence du pays après des élections qui se sont déroulées de manière pacifique. Elle remporta ces dernières élections face à son principal rival, l'acteur de cinéma Fernando Poe. Mais le blocage politique et institutionnel et la persistance d'un climat d'insécurité et de violence fragilisent le pouvoir.

Juin 2006. Abolition de la peine de mort. La situation des droits de l'homme demeure cependant inquiétante. Le nombre d'assassinats et de disparitions inexpliqués touchant des citoyens souvent liés aux mouvements de gauche atteint des proportions inquiétantes.

Juillet 2008. Le gouvernement annonce un accord avec les rebelles du MILF (Moro Islamic Liberation Front) pour l'autonomie des régions musulmanes dans le sud. En août, les accords sont brisés et trente personnes sont tuées dans le sud de Mindanao.

Juin 2010. Benigno « Noynoy » Aquino, fils de l'ancien président Corazon Aquino, est élu président de la République.

24 août 2010. Prise d'otages de touristes chinois dans le centre de Manille (par un ancien policier philippin limogé), retransmise par les télévisions internationales. Huit voyageurs de Hong Kong sont tués lors de l'assaut, entraînant les protestations officielles de la Chine.

Janvier 2011. Des coulées de boue et inondations provoquent la mort de trent-trois personnes, suite aux violentes intempéries dans le pays.

Population et mode de vie

Population

La majorité de la population est d'origine malaise. Les nombreuses invasions et immigrations qui ont caractérisé l'histoire des Philippines ont laissé place à un melting-pot de races et de cultures. Le mélange malais, espagnol, arabe et américain forme une mosaïque culturelle intéressante. Il a causé en contrepartie un trouble évident, au sein de la société, qui semble parfois toujours en quête d'une identité qui lui soit propre. Les Philippins semblent aujourd'hui tiraillés entre l'héritage lié à la présence américaine et des liens de plus en plus étroits avec l'Asie orientale. Les Philippins sont en majorité chrétiens (85 % de la population), très croyants et pratiquants. Leurs traits de caractère les plus flatteurs sont leur hospitalité spontanée et leur joie de vivre. Les Philippins attachent beaucoup d'importance à la relation familiale ; la notion de clan est toujours d'actualité.

Religion

La religion fait partie intégrante de la vie quotidienne aux Philippines. Le pays est le seul Etat catholique d'Asie. Le poids de l'Eglise est partout sensible. La colonisation espagnole a laissé un important héritage catholique.

De nos jours, 81 % des Philippins appartiennent à l'Eglise romaine catholique et 9 % sont protestants. La plus importante des minorités religieuses est représentée par les musulmans qui représentent environ 7 % de la population. La foi omniprésente du peuple philippin concilie la tolérance et le respect de l'autre. Le christianisme qui, à la faveur du décollage économique, s'est souvent avéré facteur de résistance au progrès, à l'heure de la crise, est confronté à de formidables défis.

Arts et culture

Toutes ces années de domination étrangère ont façonné un peuple qui s'adapte très bien au changement et qui a assimilé l'influence de multiples cultures. La culture philippine est le produit d'un riche métissage. Les influences malaises, espagnoles, américaines, chinoises et islamiques sont visibles.

Architecture

L'architecture des Philippines est divisée en trois grands groupes : l'architecture traditionnelle ethnique, l'architecture traditionnelle coloniale espagnole et américaine et l'architecture contemporaine. L'habitat des indigènes, avant la période espagnole, était très modeste. Les Indonésiens avaient introduit leurs huttes rondes, coiffées de feuilles de palmier. Les colons inventèrent les constructions sur pilotis pour se protéger des insectes, des rongeurs et des serpents. L'influence islamique se retrouve à travers les mosquées et les maisons tausugs ; elle s'impose dès la seconde moitié du XIIIe siècle. Les influences orientales (islamique et chinoise) sont très présentes. La recherche sur l'identité architecturale philippine révèle qu'elle est fondée sur la ventilation, les grands espaces ouverts et les jeux de terrasse adaptés au climat. Ces maisons respirent.

Artisanat

Les fibres végétales sont très utilisées pour confectionner des vêtements et des accessoires. Le jusi est de la soie de banane ; la piña, de la fibre d'ananas. La ramie est une sorte de

Tissage de natte.

lin, appelée aussi « herbe chinoise » (type d'ortie). L'incontournable abaca est le chanvre de Manille. Les minorités détiennent le monopole de l'artisanat et les secrets du travail manuel. Elles sont les premières à utiliser ces fibres végétales pour produire quelques articles du meilleur goût. L'artisanat traditionnel se développe face à la croissance du tourisme. Les matériaux naturels en général sont à l'honneur. On utilise beaucoup les feuilles de palmier et les herbes diverses ainsi que le bois, le rotin et le bambou.

Musique

L'influence latine se retrouve dans la vie sociale et culturelle du pays. La musique et les chants résonnent dans toutes les îles de l'archipel et plus particulièrement dans les Visayas, où l'on trouve les plus belles voix et des guitares acoustiques à tous les coins de rue. La musique, l'apanage de la fête, est présente toute l'année à travers les fréquents festivals. La musique est présente aussi dans les Jeepney ou les bus. Les Philippins sont friands des tubes occidentaux, traduits en tagalog. Les vieux succès de Sinatra, des Bee Gees, des Village People et des Beatles sont repris. Les stars de la musique locale exercent sur eux une influence considérable. Ce don du chant les rend très fiers et ils tentent de l'exploiter au maximum.

Peinture et sculpture

La peinture et la sculpture aux Philippines sont des arts plus anciens que l'architecture. Le travail du métal, les bas-reliefs et les tapisseries remontent au temps des Malais. Les peintures et sculptures coloniales espagnoles ont influencé la peinture philippine pendant tout le XIXe siècle. Elles relatent essentiellement des thèmes religieux. Quant à l'art contemporain philippin, il se caractérise par son abondance et sa variété. Il mélange subtilement l'ancien et le moderne et met en valeur la luxuriante nature de l'archipel, sur un fond d'art abstrait international. Parmi les peintres les plus remarquables, citons Eduardo Castrillo et Renato Rocha, les néoréalistes Anita Magsaysay, Hernando R. Ocampo et Vicente Manansala.

Guitares artisanales.

Cuisine des Philippines

- **Le riz** est consommé jusqu'à cinq fois par jour. La nourriture de base est faite de riz, de porc ou de poisson. Manger froid n'est pas dérangeant.
- **Le plat national est l'*adobo*,** la spécialité culinaire la plus appréciée des Philippins. Ce mélange épicé de viande de porc ou de poulet (quelquefois de poisson) est cuit dans du vinaigre, de l'ail et de la graisse, bien arrosé de sauce de soja.
- ***Kinilaw*:** spécialité de Mindanao, le thon cru ou le marlin bleu est mariné dans du vinaigre de coco, mélangé au jus de calamansi et au gingembre, agrémenté de concombres, de tomates ou de poivrons. C'est un plat très frais.
- ***Goto* :** plat de riz accompagné de tripes.
- ***Sinigang* :** soupe de légumes au tamarin et aux tomates avec du poisson ou de la viande.
- **Le *ginataan*** y est délicieux et très réputé. C'est un plat à base de légumes cuits dans du lait de coco. Le *ginataan manok* est un poulet cuit dans une sauce coco et gingembre.
- **Le plat des fêtes** est le *lechon*, ou cochon de lait, très populaire.

Les desserts

Le *bibinka* est un gâteau assez lourd, à base de riz. Le *halo-halo*, très rafraîchissant, peut se trouver partout à tout moment de la journée. Il est fait avec de la glace pilée, de la crème glacée, des fruits confits et des céréales.

Les fruits

Les fruits sont délicieux, exotiques et juteux, abondants et variés. C'est l'occasion de déguster les papayes, les ananas, les mangues très sucrées et les mangues vertes (qui se mangent avec du sel). Il existe vingt variétés de bananes : banane plantin, mini-bananes, bananes rouges, bananes vertes, bananes saging en légumes ou en dessert. Avec les bananes, on fait aussi des frites. Il faut absolument goûter les *mangosteens*, les *kaimitos* (nom local) ou *star apples*, le *marang* et le *durian*, de la famille du *jackfruit* (localement appelé « langka ») et les *lanzones* de Mindanao. Les fraises remportent un vif succès sur le marché de Baguio.

Les boissons

L'alcool, vendu partout très bon marché, fait des ravages. Les bières ou les alcools forts – rhum, gin, whisky – sont consommés en grande quantité. Partout, on incite à boire. Les affiches publicitaires pour les boissons alcoolisées – ironie du sort – se juxtaposent aux panneaux du code de la route.

Enfants du pays

Raymond Red, réalisateur indépendant « palmé »

Raymond Red est né à Metro Manila en 1965. Il étudie la peinture et la photographie à la Philippine High School for the Arts (centre national pour les arts), mais renonce à ces domaines lorsqu'il devient boursier au UP Film Center et qu'il réalise ses premiers films en super-8 au début des années 1980. Après son passage au Mowelfund Film Institute, il devient une des figures dominantes de la scène cinématographique indépendante à Manille. Ses courts-métrages ont depuis été projetés dans les festivals internationaux en Amérique, en Europe et en Asie. Ses premières œuvres furent *Bayani* (*Patriote*, 1991-1992) et *Sakay* (1993). Les héros de la révolution philippine au début du XXe siècle sont au cœur de ces deux histoires. Il a travaillé comme collaborateur sur le film *Makapili*, d'après un scénario sur la trahison en temps de guerre pour lequel il a été primé au festival de Rotterdam. Son opus, *Anino* (*Ombres*) a reçu la Palme d'or du court-métrage lors du festival de Cannes 2000.

Loida Nicolas-Lewis, la victoire d'une Philippine

A la tête de l'un des plus grands groupes agroalimentaires du monde, Loida Nicolas-Lewis est probablement l'une des plus riches Philippines expatriées. Elle est actuellement le P-DG de TLC Beatrice International Holdings, Inc., firme basée dans trente et un pays. Elle jouit ainsi d'un extraordinaire statut à New York et à Paris, ce qui contribue à démentir les préjugés mondiaux sur les femmes philippines. Avocate de formation, Loida est aussi écrivain et philanthrope. Elle milite pour la communauté philippine aux Etats-Unis. Elle a été la première femme à réussir l'examen du barreau de l'Etat de New York sans avoir étudié le droit aux Etats-Unis. Loida n'hésite pas à déclarer : « Je serai toujours philippine. En fait, j'attribue mon succès à mon appartenance aux Philippines, car je n'ai pas changé ; mon accent n'est pas américain, et je suis vraiment ce que je suis parce que je suis une femme philippine. On peut me sortir des Philippines, mais on ne peut sortir les Philippines de moi. »

Fernando Poe Jr., le roi des films philippins

Pendant plus de quarante ans, Fernando Poe Jr. occupa le grand écran du pays. Il devint une icône admirée par des millions de Philippins ainsi que par son meilleur ami, l'ancien président Joseph Estrada. Il excellait dans des rôles de super héros altruistes et invisibles, qui défendent les peuples opprimés contre les forces du mal, et incarnait aux yeux des spectateurs la bonté et la noblesse dans la culture philippine. Né Ron Allan, il change son nom pour prendre le même pseudonyme que son père, déjà acteur célèbre, et débute sa carrière à l'âge de 14 ans. Il se fait remarquer dans les années 1960 avec Tatlong Hari et récolte ensuite de nombreux prix d'interprétation. Il se tourne également vers la réalisation et la production, où il atteint un égal succès. Après une carrière cinématographique brillante, il se lance dans la politique et est même candidat de l'opposition lors de l'élection présidentielle de 2001. Le 22 décembre 2004, il meurt subitement et plus de 300 000 Philippins lui rendront un dernier hommage dans tout le pays.

Rafael « Paeng » Nepomuceno, sportif glorieux

Né en 1957, Paeng apprit le bowling sous la tutelle de son père, qui lui inculqua également la valeur de la discipline. C'est, selon lui, ce qui l'amena à remporter quatre fois le Championnat du monde de bowling et cent douze tournois. Il est aujourd'hui considéré comme le plus grand joueur de l'histoire de ce sport. En reconnaissance de ses hauts faits, le président du Comité international olympique, Juan Antonio Samaranch, lui remit personnellement le prestigieux trophée du CIO, le premier pour un joueur de bowling. Le Sénat philippin le déclara « meilleur athlète de tous les temps » en 1999. Il fut aussi le premier sportif à avoir été décoré de la médaille de la Légion d'honneur, distinction ultime, et de la médaille du Mérite présidentiel. Cet homme humble et doux semblait né pour battre des records. Paeng, champion par excellence, est toujours aujourd'hui l'une des fiertés du sport philippin.

© ARNAUD BONNEFOY

Chapeau artisanal en feuilles de palmier.

© AUTHOR'S IMAGE

Village badjao.

Manny pacquiao, un boxeur de génie

Boxeur professionnel, né le 17 décembre 1978 à Bukidnon, Manny Pacquiao est davantage que le plus grand sportif philippin de tous les temps : c'est une véritable star, un Dieu vivant, un peu comme Maradona en Argentine. Il est le premier et seul boxeur de l'histoire à avoir obtenu des titres mondiaux dans huit catégories de poids différentes ! Son nombre de succès est extraordinaire. Dernier en date, le 13 novembre 2010, quand il bat aux points Antonio Margarito à Dallas et devient champion WBC des super welters. Aujourd'hui, il est considéré comme le meilleur boxeur au monde toutes catégories confondues, le mieux payé aussi (revenu annuel de 40 millions de US$ environ). Et il sait se diversifier : chanteur, acteur, il a même été élu député de la province de Sarangani aux élections législatives de 2010 !

Billy Crawford, un Philippin aux talents multiples

Né à Manille en 1982 et découvert à trois ans dans un bowling de cette même ville, c'est en France que ce chanteur, acteur et danseur américano-philippin a connu son plus grand succès. Après avoir tourné dans une dizaine de films aux Philippines, il est repéré par Michael Jackson à l'âge de 14 ans pour ses talents de street dance. Deux albums plus tard, c'est son propre tube, *Trackin'* (2001) qui lui fait découvrir les scènes mondiales. Récompensé en France par le NRJ Music Awards du Meilleur artiste international en 2003, il vit une idylle avec la chanteuse française Lorie. De retour aux Philippines avec désormais cinq albums à son actif, il est le parrain d'une association pour les enfants des rues, et le présentateur de l'émission télévisée Pilipinas got talent. Il a également créé sa propre ligne de vêtements et tourné dans plusieurs films.

Boracay, l'île du farniente.

Manille et sa région

Si Manille est une capitale vivante, on a rapidement envie de s'en éloigner et de partir à la découverte de ses environ. Le sud de Manille recèle de nombreuses curiosités pour le voyageur qui dispose d'un peu de temps. La visite de quelques attractions au sud de Manille peut s'effectuer en une journée. On peut choisir entre les vestiges militaires de Corregidor ou une journée culturelle à la conquête de l'histoire dans le fief d'Aguinaldo, à travers les sons harmonieux de l'orgue de Las Piñas ou à l'assaut des artistes d'Angono. Au nord, la ville d'Angeles qui présente peu d'intérêt est par contre le point de départ pour arpenter l'impressionnant mont Pinatubo, qui se dresse à l'ouest de la ville. La côte nord-ouest de Luzon satisfera autant les amateurs d'histoire grâce à la baie de Subic que les surfeurs et plongeurs avec San Juan, San Fernando et les Hundred Islands. Si le visiteur n'a qu'une seule opportunité de courte excursion aux alentours de Manille, Tagaytay et le volcan Taal sont d'après nous les sites les plus marquants : les paysages y sont envoûtants.

Manille

Manille, grande ville bruyante et extrêmement polluée, ne présente pas un intérêt exceptionnel. Il est rare qu'elle retienne l'attention du visiteur. Cependant, c'est une première approche de la culture philippine. On peut flâner dans ses différents quartiers et surtout s'attarder dans l'Intramuros, se promener dans le parc Rizal, avant d'aller profiter des magnifiques couchers de soleil sur la baie. Le soir, la capitale s'anime, bien que Manille ne soit pas à proprement parler une capitale de la fête. Manille reste avant tout une ville de transit pour le touriste de passage qui se rend vers une destination ensoleillée pour profiter de la douceur de vivre des Philippines.

■ BAIE DE MANILLE

Elle est considérée comme ayant le plus beau port du Sud-Est asiatique et elle est connue pour les nombreuses batailles qui s'y déroulèrent entre les Espagnols et les Américains en 1898. La baie est aussi l'endroit idéal pour admirer les couchers de soleil.

■ CATHÉDRALE DE MANILLE

C'est le siège du diocèse de Manille. La structure actuelle est une reconstruction car elle avait été partiellement détruite durant la Seconde Guerre mondiale (en fait, il s'agit de la sixième ou huitième version depuis la structure originale édifiée en 1581, selon les façons de compter). Sa coupole est immense et ses vitraux racontent la christianisation. De nombreux mariages y sont célébrés chaque week-end.

■ CIMETIÈRE CHINOIS

Il fut fondé au milieu du XIXe siècle par Lim Ong et Tan Quien Sien (don Carlos Palanca) dans le but de faciliter la tâche d'un grand nombre de Chinois qui n'étaient pas autorisés à être enterrés dans les cimetières espagnols. Le cimetière, très pittoresque, couvre une superficie de 54 ha. Il représente un authentique village où les tombes sont des maisons, aménagées parfois avec tout le confort nécessaire pour que les familles des défunts soient bien installées lorsqu'elles viennent visiter leurs morts. Tous les samedis, le cimetière résonne de la présence de ses visiteurs qui animent le lieu : chants, odeurs de faux billets et d'encens qui brûlent. Ses rues sont composées de mausolées richement ornés de marbre, de fer forgé et de vitraux. Un monument abrite les cendres des personnes incinérées sur deux étages et, au troisième, les os de ceux qui retourneront sur leur terre natale, la Chine. Les pauvres sont enterrés en terrasse sur la partie gauche du temple bouddhiste.

FORT SANTIAGO

La construction du fort dura plus de 150 ans et débuta en 1571. De là, tous les mouvements dans la baie de Manille pouvaient être observés. Ici périrent de nombreux soldats tout comme le Dr José Rizal qui y passa ses derniers jours avant d'être exécuté par les Espagnols, le 30 décembre 1896. Le fort Santiago est aussi connu sous le nom de Shrine of Freedom ; il fut nommé ainsi en 1950 en souvenir des héros philippins emprisonnés et tués ici sous les dominations espagnole puis japonaise. Partiellement reconstruit après la Seconde Guerre mondiale, c'est devenu un lieu de promenade pour les Philippins. Des tables sont disponibles pour pique-niquer et l'on peut monter sur les remparts médiévaux qui offrent une belle vue sur Manille. On y trouve également un théâtre en plein air, le Rajah Soliman Theater et le musée Rizal.

© AUTHOR'S IMAGE

Intramuros.

SAN FRANCISCO DEL MONTE
STA. MESA HEIGHTS
QUEZON CITY
CALOOCAN CITY
NAVOTAS
LA LOMA
TONDO
BINONDO
STA. CRUZ
SAMPALOC
PORT NORD
Manilla Harbor Center
Cimetière chinois
Cimetière du Nord
LRT-LIGNE 1
5th Avenue
R. Papa
Abad Santos
Blumentritt
Blumentritt
Tayuman
Bambang
Laong-Laan
España
Philipine National Railway Terminal
C-3 Road
C-3 Road
Radial Road 10
H. Lopez
Juan Luna
Juan Luna
Juan Luna
José Arad Santos
José Arad Santos
Andrés Bonifacio Ave.
Del Monte Avenue
G. Anareta Avenue
G. Anareta Avenue
N.S. Amoranto Sr. Avenue
Quezon Avenue
Mayon Avenue
Banawe
D. Tuazon
España
España
A. Maceda
Dimasalang
Laong-Laan
Dapitan
A.H. Lacson
Tayu Man
A. Mendoza
Nagtahan
Aurora Blvd.
Blumentritt

Manille
Manilla International Port terminal
SAN NICOLAS
Pont Roxas
Fort Santiago
PORT AREA
Pont Jones
Pont McArthur
Pont Quezon
Jardin Mehan
Central
Collège de San Juan de Letran
INTRAMUROS
Manilla City Hall
SM Manilla Mall
Eglise San Agustin
National Museum
Intramuros Golf Course
P. Burgos
National Library
Parc Rizal
Kalaw
Depart. Tourism
Taft Ave.
Manilla Hotel
Un Ave.
United Nations Ave.
T.M.
Roxas Boulevard
Eglise Ermita
A. Mabini
Ambassade des Etats-Unis
Robinson's Place Mall
ERMITA
Pedro Gil
LRT-LIGNE 1
MALATE
Eglise Malate
Remedios Circle
San Andres
Presidente Quirino
Roxas Blvd.
Taft Avenue
Singalong
Parc Zoologique
Vito Cruz
Manilla Yacht Club
Métropolitan Museum
Cultural Center of the Philippines
Folk Arts Theater
PASAY
BAIE DE MANILLE
0
650 m
N
SAN MIGUEL
Malacanag Palace
Parc Malacañang
Temple Mabini
Pont Mabini
Pasig
PANDACAN
PACO
Paco
Pandacan
Paco-Sta. Mesa Road
Pont Pandacan
STA. MESA
New Panaderos
Marché Sta. Ana
STA. ANA
Presidente Quirino Avenue
Presidente Sergio Osmeña Avenue (Slex)
Chino Roces (Pasong Tamo)
Cimetière du Sud
Sen. Gil Puyat Avenue
Ayala Avenue
Makati Medical Center
Gil Puyat

■ ÉGLISE DE BINONDO

Construite en 1596 par des frères dominicains, elle est le parfait exemple de l'architecture coloniale espagnole. Elle fut gravement endommagée pendant la Seconde Guerre mondiale, mais fut restaurée en 1972. Seules quelques fondations et la tour octogonale du clocher rappellent la structure originale.

■ ÉGLISE DE MALATE

Elle fut construite au XVIe siècle et reconstruite au XIXe. Il s'agit d'une église à l'architecture musulmane et baroque qui est considérée comme l'une des églises les plus anciennes en dehors de la ville fortifiée. Elle fut fondée par des moines augustiniens en l'honneur de Nuestra Señora de los Remedios.

■ ÉGLISE DE QUIAPO

Fondée en 1586, elle est très populaire. Cette église était à l'origine construite en bambou et en nipa par des missionnaires franciscains dirigés par Pedro Bautista. Sa structure actuelle date de 1930. Cette église est connue des habitants de Manille pour abriter la statue du Nazaréen noir, représentation du Christ censée réaliser des miracles. L'église de Quiapo est bondée durant toute la semaine sainte.

■ ÉGLISE D'ERMITA

Fondée en 1591 par les Espagnols en l'honneur de Nuestra Señora de Guia. Hélas détruite durant la Seconde Guerre mondiale, c'est désormais une construction moderne.

■ ÉGLISE SAINT-AUGUSTIN

Cette église est la plus vieille de Manille et l'une des plus anciennes des Philippines. Pur joyau baroque de l'époque coloniale, elle a été endommagée à de nombreuses reprises suite à différents tremblements de terre depuis le XVIIe siècle et aux bombardements de 1945. On peut admirer son intérieur baroque et ses peintures en trompe l'œil réalisées au XIXe siècle par des artistes italiens. Les quatre panneaux de sa superbe porte en bois retracent la vie de saint Augustin. Miguel López de Legazpi y repose dans un tombeau près de l'autel principal. En 1993, l'Unesco l'a déclarée Patrimoine de l'humanité. Elle n'ouvre ses portes qu'à 15h30 l'après-midi. L'accès est gratuit (musée attenant payant en revanche pour les adultes et pour les étudiants).

■ MABINI SHRINE (MÉMORIAL MABINI)

Il est représenté par la demeure d'un étudiant en droit, Apolinario Mabini, le leader intellectuel de la révolution philippine. Pendant l'occupation américaine, cette maison devint le quartier général intellectuel de la première République philippine. La maison, elle-même, faite de bambous et de nipas, est une maison typique de la classe moyenne pendant cette période.

■ MANILA OCEAN PARK

Ouvert en 2008, ce parc de loisirs constitue un choix intéressant pour les familles. On visite de grands aquariums et on peut même se balader sous l'eau ! Une foule d'activités est possible. Les services sont nombreux : hôtel (Hôtel H2O), restaurants, bars, spa, boutiques... Une structure bien complète !

Centre-ville de Manille

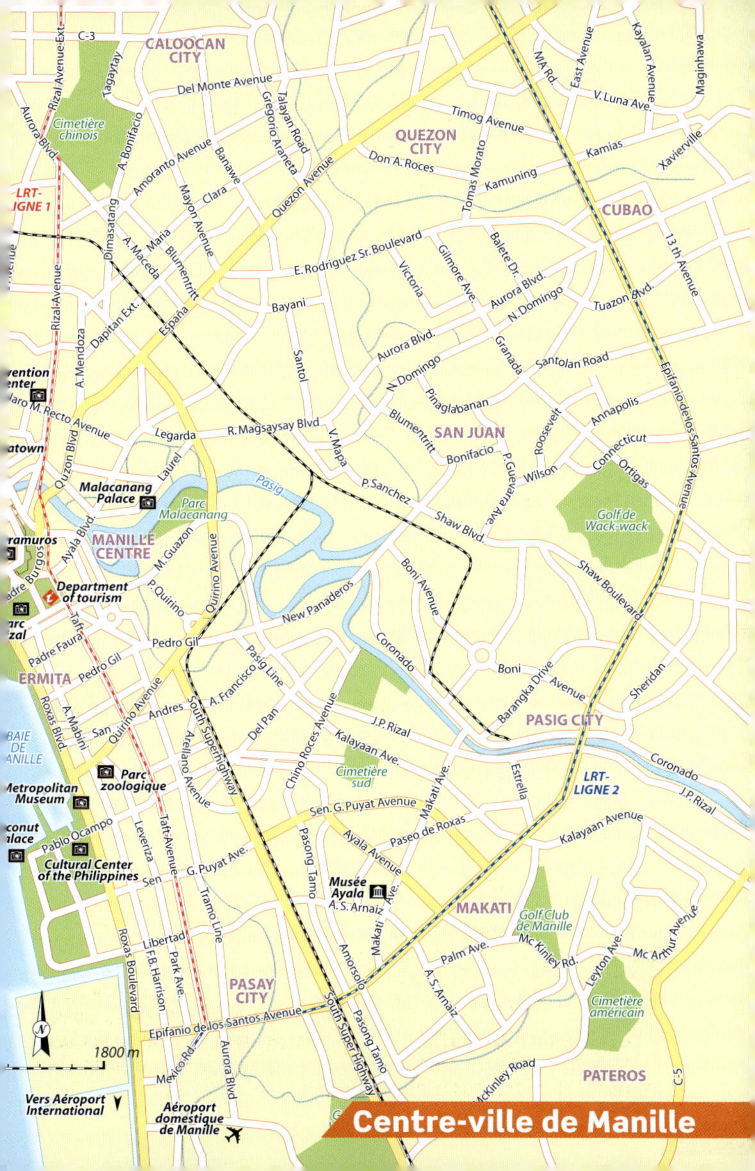

■ MUSÉE D'ART SACRÉ LUIS ARNETA

Des objets du XVIIe siècle y sont exposés.

■ MUSÉE NATIONAL DES PHILIPPINES

C'est l'un des plus intéressants de Manille. Une partie du crâne de l'homme de Tabon, découvert à Palawan et datant de 20 000 av. J.-C., y est exposée. On peut y découvrir également toute une collection de porcelaines et de bijoux qui proviennent de l'épave du *San Diego* coulé dans la baie de Manille en 1590. C'est ici aussi qu'est exposée la fameuse peinture de Juan Luna, le *Spolarium*.

■ MUSEO NG MALACANANG (HERITAGE FONDATION)

A San Miguel, sur la berge de la rivière Pasig, se dresse Malacañang Palace, le palais présidentiel, une grande demeure de style colonial, achevée en 1802. Les nobles espagnols, les gouverneurs de Manille, les gouverneurs américains et enfin certains des présidents philippins y ont résidé successivement.

■ MUSEO PAMBATA

C'est le musée des enfants. Il est composé de six chambres à thème et qui montrent les travaux d'artistes philippins. Le musée organise régulièrement des activités pour les enfants.

■ PALACIO DEL GOBERNADOR (PALAIS DU GOUVERNEUR)

En face de la cathédrale de Manille. Il fut à l'origine la demeure de Manuel Estacio de Venegas. Il s'agissait à l'époque d'une structure de deux étages d'où Venegas fut exproprié en 1654 pour devenir le bureau des gouverneurs généraux espagnols. Il en fut ainsi jusqu'en 1863, date à

Parc Rizal.

laquelle le bâtiment fut détruit par un tremblement de terre. Un siècle plus tard, la Land Bank des Philippines reconstruisit le site pour en faire un bâtiment de huit étages (qui a bien moins fière allure). L'administration d'Intramuros y a actuellement ses bureaux.

PARC PACO ET SON CIMETIÈRE

Ce dernier était encerclé par un mur à l'origine, et, pendant les épidémies de choléra, on y enterrait les victimes pour trois ans renouvelables pour 20 P. Lorsque le cimetière fut plein et que les durées de location eurent expirées, les ossements furent transférés. En 1966, le cimetière fut déclaré parc national, ce qui en fait un endroit tout à fait charmant et idéal pour de jolies promenades.

PARC RIZAL

Ce parc, qui s'étend sur 58 ha, est le lieu de détente favori des promeneurs et des familles philippines. Considéré comme un des plus grands parcs d'Asie, il s'étend de Taft Avenue à la baie de Manille. Il était appelé Bagumbayan Field ou Luneta pendant la période espagnole, ce qui signifie « petite lune ». Il fut utilisé par les Espagnols pendant plus de 74 ans comme le lieu d'exécution des Philippins rebelles. En 1902, Daniel Burnham, un célèbre architecte, choisit Bagumbayan et proposa aux Américains d'en faire leur quartier général. Seuls trois bâtiments furent construits. Chacune de ces trois structures abrite aujourd'hui le Department of Tourism, l'Executive House transformé en musée et aussi le Department of Finance. Le parc porte désormais le nom de Rizal National Park en l'honneur du héros national philippin, le docteur José Protacio Rizal, exécuté en 1896. Dès le lever du jour, sur ses pelouses, les Chinois s'adonnent à la relaxation ou au taï-chi-chuan. Moins traditionnels, le jogging et les cours d'aérobic sont proposés à ceux qui ne reculent pas devant les efforts matinaux. Le parc Rizal est l'endroit de prédilection d'énergumènes en tout genre : prédicateurs, beaux parleurs et joueurs d'échecs. Ils sont installés près de Central Lagoon et donnent au parc son atmosphère particulière. Ce parc très populaire est aussi un lieu culturel. Des célébrations historiques s'y déroulent régulièrement ainsi que des concerts.

PONT AYALA

Construit en 1827 par don Jacobo Zobel de Ayala, il fut reconstruit en 1908 pendant la période de colonisation américaine. Il devint la première structure enjambant la rivière Pasig et reliant les quartiers de San Miguel et Arroceros.

RIZAL SHRINE

On y montre des objets ayant appartenu au héros national José Rizal lorsqu'il était emprisonné avant d'être exécuté le 30 décembre 1896. Parmi les objets exposés, il y a des livres et des manuscrits, des sculptures, des tableaux, mais aussi des souvenirs ramenés de ses nombreuses expéditions en bateau et des objets de sa maison à Calamba.

Corregidor Island

L'ancien petit village de la période espagnole, doté d'un phare pour signaler l'entrée dans la baie de Manille, devient un point stratégique pour les Américains, qui la transforment en île fortifiée. Pendant la Seconde Guerre mondiale, Corregidor constituait un site stratégique de défense contre l'invasion japonaise. Outre ses vestiges de la guerre, « The Rock », comme elle est surnommée, offre de très beaux paysages.

■ FALAISE AUX SUICIDES

C'est le lieu d'où les soldats japonais se donnaient la mort en sautant de la falaise pour ne pas avoir à se rendre après la défaite.

Le Kampilan est une épée ayant permis la victoire du légendaire chef Lapu-Lapu.

■ MUSÉE DE TOPSIDE

Il se trouve au centre de l'île et en est le point culminant. Là-haut, une caserne reconstituée abrite des souvenirs de guerre et est le mémorial du général MacArthur.

■ PHARE ESPAGNOL

Il offre une jolie vue sur la baie de Manille.

■ TUNNEL DE MALINTA

Il fut le quartier général du gouvernement philippin en exil de Manuel Quezon mais aussi de MacArthur. Achevé en 1922, il mesure 250 m de longueur et 7 m de largeur et servit également d'hôpital souterrain. Canons et autres installations ainsi que du matériel militaire sont exposés au public. Des visites nocturnes sont possibles, et on propose parfois des spectacles son et lumière.

Las Piñas

La municipalité de Las Piñas est située à 12 km au sud du parc Rizal, soit de 30 à 45 minutes du centre de Manille. Las Piñas est divisée en trois zones qui sont celles de la baie de Manille, de Coastal Margin et du plateau de Guadalupe. Il n'y a pas d'hôtel de qualité à Las Piñas ; nous vous conseillons donc de passer la nuit à Manille.

■ ÉGLISE SAINT-JOSEPH

Elle abrite le très fameux orgue en bambou. L'église fut construite en 1819. Pour la bâtir, on utilisa des pierres volcaniques. L'église fut restaurée entre 1971 et 1975 par les architectes Francisco Mañosa et Ludwig Alvarez.

© AUTHOR'S IMAGE

Sarao Jeepney Factory.

■ **ORGUE DE BAMBOU**

Très célèbre, il s'agit en effet d'un chef-d'œuvre fait de bois et de bambou qui selon les experts produit un son unique qui ne peut être égalé par aucun autre instrument dans le monde. Cet orgue fut construit par nécessité par le père espagnol Diego Cera qui utilisa 832 tuyaux de bambou et 122 de métal. La fabrication de cet orgue de 5 m de hauteur débuta en 1816 et s'acheva en 1824.

■ **SARAO JEEPNEY FACTORY**

Cette usine de fabrication de Jeepney, le numéro 1 des transports publics aux Philippines, se situe à 3 km au sud du centre-ville sur la route principale. Sarao a commencé son activité en transformant les Jeep des GI américains. La ville est d'ailleurs connue pour cela. Sarao devint la plus grande usine de Jeepney du pays, et même si aujourd'hui la production est terminée l'usine est toujours ouverte aux visiteurs et des artistes continuent à façonner les carrosseries pour en faire des œuvres d'art.

La province de Pampanga

Angeles et le Mont Pinatubo

Connue pour ses nuits agitées, Angeles conserve toujours une forte influence américaine, presque vingt ans après le retrait des militaires et le pillage de la base aérienne de Clark. Bars de nuit, clubs et hôtels bon marché sont légion dans cette ville surnommée le « plus grand bordel d'Asie » (notamment sur Fields Avenue). On ne peut même pas parler d'ambiance festive tant l'ensemble est empreint d'une certaine tristesse : si les célibataires endurcis y trouvent leur compte, l'ambiance est vraiment glauque pour les couples et les familles.

CLARK SPECIAL ECONOMIC ZONE

C'était à l'origine la plus grande base de l'US Air Force aux Philippines. On peut y faire un tour. Des visiteurs viennent se recueillir au cimetière de la base.

MONT PINATUBO

Après presque six cents ans de sommeil, le Pinatubo, situé sur l'île de Luzon, a commencé à montrer des signes de réveil en avril 1991 (secousses sismiques et fumerolles). Alors qu'on le croyait éteint, il démontra qu'il n'en était rien puisque survint le 15 juin 1991 une puissante explosion. Les nuages de cendres opacifièrent l'atmosphère durant plusieurs jours, rendant l'air difficilement respirable. Les retombées de cendres dévastèrent, en outre, les cultures situées sous les vents dominants, tout comme les écoulements de lave qui dévalèrent depuis le sommet dans la plupart des vallées environnantes. Les éléments s'acharnèrent sur les Philippines car au même moment le typhon Yunya traversa le pays. Ses pluies torrentielles, se mélangeant aux cendres de l'éruption, déclenchèrent de puissantes coulées de boue dévastatrices (appelées *lahar*). Il y eut entre 800 et 1 000 victimes. Près de vingt ans après la fin de l'éruption, le volcan demeure toujours meurtrier. En effet, tous les ans, les dépôts de cendres sont remobilisés par les fortes pluies de la saison humide et se transforment en torrents de boue, apportant leur lot de dévastations et de victimes. C'est à partir de la ville d'Angeles que sont organisés les trekkings à destination du mont Pinatubo et ses versants aux paysages lunaires. La meilleure période pour effectuer des treks s'étend de novembre à mars. Il est possible de partir sur les flancs du volcan pour une demi-journée ou d'affronter les 8 km d'ascension du volcan pour les marcheurs les plus confirmés. Des équipements peuvent être loués auprès de la majeure partie des tour-opérateurs qui mettent également à la disposition des randonneurs des guides expérimentés.

San Fernando

Cette petite ville, nettement plus paisible qu'Angeles, se trouve à quelques kilomètres seulement de sa voisine. Elle ne présente pas d'intérêt significatif sauf au moment de ses festivals.

La baie de Subic

Olongapo City et son port Franc

La baie de Subic est devenue aujourd'hui un modèle de village économique global. C'est le fief des investisseurs. Elle associe business et plaisirs, modernisme industriel et environnement. La SBMA couvre 67 500 ha (dont 18 000 ha de péninsule) et regroupe cinq municipalités : Olongapo, Subic, Hermosa, Morong et Bataan. Elle assure l'emploi de 28 000 Philippins. L'endroit est assez froid. Avec ses routes désertes parfaitement goudronnées, l'ensemble est un peu artificiel. Rien ne traîne, tout est impeccable, presque surfait. Les employés grouillent en uniforme, transportés en minibus sur leur lieu de travail. Tout est très organisé. Le contraste entre la ville d'Olongapo et son port franc est impressionnant. La péninsule d'Olongapo est une ville à côté de la ville. Ouverte au tourisme depuis peu, la base réunit toutes les activités et toutes les structures imaginables : un aéroport international, des entreprises (sociétés de recherche et de développement de mass media et d'électronique), une université, des écoles, des centres commerciaux, des duty free shops et de luxueux hôtels. Olongapo est le point de départ pour les excursions sur la côte de Zambales. La ville en elle-même n'a rien d'extraordinaire, mis à part son marché et sa situation géographique (entourée de montagnes, à proximité du mont Pinatubo). On vient dans cette zone essentiellement pour la plongée.

■ PARC AQUATIQUE OCEAN ADVENTURE

Grand parc aquatique où les visiteurs peuvent assister à des spectacles donnés par des otaries, dauphins et autres mammifères marins. On propose aussi des plongées sur épaves, compter par exemple 1 750 P incluant l'entrée au parc aquatique et la location de l'équipement.

■ PARC NATUREL DE SUBIC BAY

Ce parc permet de se promener dans la forêt tropicale humide, de voir des mangroves, mais aussi de visiter quelques installations militaires.

Barrio Barretto

Barrio Barretto est une petite ville située à 5 km d'Olongapo. L'atmosphère y est différente ; plus modeste que sa voisine, la ville est surtout réputée pour ses plages. Son petit marché sur Rizal Street est l'occasion de se plonger dans une ambiance plus « rurale ».

■ BAIE DE AGNAEN

Un endroit parfait pour pêcher, faire du snorkeling ou encore s'adonner aux plaisirs de la plage. Le meilleur moment pour s'y rendre est en fin d'après-midi : la luminosité sur la mer de Chine y est alors la plus belle.

■ CAPONES ISLAND

Entièrement encerclée de plages de sable blanc. Il y a aussi des plages du même type dans des grottes, mais leur exploration est réservée uniquement aux plongeurs expérimentés.

■ CHUTES D'EAU DE BALON

Elles sont entourées de gros rochers. Un endroit idéal pour les amoureux de la nature.

■ PLAGE D'IBA

Noire de monde en été. Elle est envahie par de nombreux touristes, aussi bien étrangers que philippins qui profitent des eaux limpides de cette plage.

■ SAN SALVADOR ISLAND

Récompensée en 1996 pour son projet de conservation des fonds marins. Belles plages de sable blanc léchées par des eaux transparentes.

© AUTHOR'S IMAGE

Kampilan.

La province de Rizal

La capitale de cette province est Antipolo. Si Angono offre des œuvres d'art façonnées par l'homme, Antipolo permet d'apprécier celles de la nature.

Antipolo

Antipolo est une ville en pleine extension (plus de 650 000 habitants) située à 25 km de Manille, où il fait bon vivre. Peu habitués à voir des visiteurs étrangers, les habitants se montrent très curieux et invitent souvent le visiteur de passage à partager un repas ou plus simplement à boire un verre.

■ CHUTES D'EAU DE DARANAK ET BATLAG

Les magnifiques chutes d'eau de Daranak de 14 m de hauteur ont été converties en parc. L'endroit est en effet idéal pour les pique-niques. Un petit pont de bambou amène le visiteur jusqu'à d'autres cascades plus petites. Non loin de là se trouvent les chutes de Batlag, tout aussi belles que celles de Daranak, mais un peu plus sauvages. La végétation les entourant est d'ailleurs magnifique.

■ HINULUGANG TAKTAK

Ces chutes d'eau, jadis populaires, ont souffert de la population, et il est maintenant déconseillé de s'y baigner. Des familles viennent toutefois encore y pique-niquer.

■ MUR DE WAWA

C'est un des rares murs d'escalade des Philippines. Le mur de 30 m de hauteur propose plusieurs niveaux de difficulté.

■ OUR LADY OF ANTIPOLO MEMORIAL

L'histoire raconte que cette icône miraculeuse a voyagé huit fois entre Manille et Acapulco et a sauvé plusieurs personnes en les prévenant des catastrophes à venir.

Angono

A 29 km à l'est de Manille, dans la province de Rizal, on découvre Angono, le village des artistes, considéré comme le centre des arts visuels du pays. Il abrite plusieurs galeries d'art en tout genre : antiquités, peintures, sculptures et arts religieux.

■ MUSÉE BLANCO

Il appartient à la célèbre famille créative Blanco, une grande famille de peintres. Le musée privé accueille les amateurs tous les jours de la semaine.

■ NEMIRANDA ARTHOUSE

C'est une école, un atelier et un lieu de rendez-vous pour les artistes. Une galerie réunit des peintures d'art contemporain, une autre révèle les dons de la famille Miranda. Les œuvres sont à vendre.

■ VILLAGE D'ARTISTES

L'artiste national, Vicente Manansala, est un personnage important aux Philippines. Sa maison et son atelier sont ouverts aux visiteurs. C'est l'occasion de découvrir son œuvre, inspirée du réalisme et du cubisme. A Angono, on est artiste de père en fils.

La province de Cavite

La province de Cavite est située au sud-ouest de Manille. Cette province est la porte d'entrée de la baie de Manille, voisine des provinces de Rizal, de Laguna et de Batangas. Sa principale ville, Cavite City, est située au bout de l'étroite péninsule, tout à fait au nord de la province. Elle est dotée d'un excellent port qui, ayant fait ses preuves pendant l'occupation espagnole, abrite aujourd'hui la base navale philippine (Sangley Point Naval Base, au fort San Felipe qui date de 1609). La province a joué un rôle important dans l'histoire et la politique du pays. Cavite est en effet le théâtre de la révolte philippine de 1872 contre les Espagnols. Trois prêtres philippins, José Burgos, Mariano Gómez et Jacinto Zamora sont impliqués dans la mutinerie de Cavite, quand deux cents Philippins organisent la rébellion dans les garnisons espagnoles. Le 28 août 1896, une sanglante révolte frappe la ville de Cavite. Aidé des Caviteños, le général Aguinaldo libère peu à peu l'ensemble de la province. Ce n'est qu'en mai 1898 que la flotte espagnole est coulée dans la baie de Manille. Le 12 juin 1898, Emilio Aguinaldo proclame l'indépendance du haut du balcon de sa maison à Kawit. En signe de victoire, le nouveau drapeau philippin est hissé fièrement sur un air martial qui deviendra l'hymne national.

Cavite City

Kawit, un petit village situé sur la péninsule, a une grande importance historique puisqu'il a vu naître le héros national, Emilio Aguinaldo.

■ MAISON D'EMILIO AGUINALDO

Cette maison à l'architecture coloniale espagnole a été transformée en musée. Elle fut construite en 1849 et est le lieu de naissance de ce héros national. C'est de la fenêtre de cette maison que le drapeau philippin fut hissé pour la première fois : ce fut le 12 juin 1898, le jour où fut proclamée l'indépendance des Philippines. Un passage souterrain a récemment été découvert, à l'arrière du jardin. Il devait servir de ralliement au mouvement révolutionnaire.

Tagaytay et le lac Taal

La ville de Tagaytay, située à 65 km de Manille, est la deuxième capitale d'été des métropolitains après Baguio. Du haut de ses 700 m d'altitude, la ville surplombe le célèbre volcan. Les points de vue sont magnifiques et valent le détour. Le charme de Tagaytay réside dans le panorama qu'elle offre sur le lac Taal, mais les visiteurs de Manille, locaux ou expatriés, apprécient également les températures plus clémentes et sa douceur de vivre. Pas de pollution ou d'encombrements, car il n'y a pas à proprement parler de centre-ville. L'église, la mairie, le marché et les hôtels sont dispersés parmi les champs en fleurs et les plantations de cocotiers. Le volcan Taal se présente sous la forme d'un complexe volcanique composé d'une vaste caldeira de 15 km par 20 km, occupée par le lac Taal. C'est au centre du lac, sur l'île de Vulcano Island, qu'ont été répertoriées les éruptions historiques. Vulcano Island est constituée d'un cône dont le cratère sommital est, lui aussi, empli par un lac. Il y a toujours des risques pour les populations riveraines. En effet, les éruptions les plus puissantes sont à même d'engendrer des tsunamis dévastateurs (1 330 victimes en 1911).

Volcan Taal.

La dernière éruption importante et meurtrière, survenue en septembre 1965, a dévasté 60 km^2 et tué une centaine de personnes. Une activité éruptive en 1976 et 1977 avec des fumerolles et des projections a toutefois généré l'évacuation des populations en prévention. C'est un des plus petits volcans en activité du monde.

■ LAC TAAL ET SON VOLCAN

Le lac Taal est l'étendue d'eau la plus importante de l'île de Luzon. Son petit volcan, le volcan Taal, est parfois appelé « l'île-volcan ». Il est considéré comme le plus petit volcan actif du monde et représente une importante attraction touristique en raison de son cratère rempli d'eau qui le transforme en petit lac. La balade s'effectue en une journée. De Tagaytay, prendre une Jeepney (toutes les heures, environ 20 minutes) ou un tricycle (au moins 200 P, 25 minutes) jusqu'à Talisay, petit village situé au bord du lac, à une quinzaine de kilomètres de Tagaytay. De Talisay, prendre une banca pour se rendre jusqu'au cratère. Attention aux arnaques : la traversée ne devrait pas vous coûter plus de 1 500 P. Préférez les petits resorts situés sur le bord de la route (Tantiongco's Resort), qui proposent une traversée sur leur banca privée plutôt que les petits vendeurs isolés. Sur le cratère, une montée d'une heure mène jusqu'au sommet du cratère, d'où l'on peut admirer le lac intérieur et ses fumerolles. Il est également possible de faire la balade à cheval (500 P environ).

■ MUSHROOM BURGER

Au retour de la visite de l'ancien palace, sur Emilio Aguinaldo Highway (construite sous la présidence de Manuel Quezon), le Mushroom Burger expose ses différents champignons élevés en culture, à l'intérieur même du restaurant. On peut goûter aux fameux hamburgers au steak de champignons. Original.

■ PEOPLE'S PARK IN THE SKY

Le People's Park, qui est aussi l'ancien Palace in the Sky de la famille Marcos, domine le lac Taal. Il s'agit d'une attraction tout à fait particulière. La vue y est magnifique, elle donne sur Cavite, Batangas, Laguna et aussi sur le volcan Taal. Ce palais – inachevé – fut construit essentiellement sous le règne du commandant Marcos, dans les années 1980. Marcos projetait de recevoir le président Reagan en grande pompe dans cette résidence secondaire qu'il a nommée Palace in the Sky. Pour le confort de sa famille, il exige tout le luxe et l'équipement nécessaires : immense salle de réception, piscine, salle de massage, sauna, Jacuzzi, etc. Ce projet coûteux n'est pas approuvé par la population qui se révolte devant cet étalage de richesses. En février 1986, lors du soulèvement contre le dictateur, l'armée philippine s'empare du palais et distribue le mobilier aux habitants. Il ne reste aujourd'hui que des vestiges, laissés plus ou moins à l'abandon. Le coucher de soleil est grandiose derrière la statue de la Paix et de la Liberté, édifiée à la fin de la révolution, sous le règne de Cory Aquino. On y vend de quoi manger mais la plupart des Philippins préfèrent y pique-niquer. On peut acheter des souvenirs.

La province de Laguna

Villa Escudero

■ VILLA ESCUDERO PLANTATIONS & RESORTS

Cette hacienda, consacrée à la culture du riz et aux plantations de cocotiers, se situe à une dizaine de kilomètres au sud de San Pablo (Laguna). On peut y visiter un étrange musée et se promener le long de la rivière qui serpente dans la propriété jusqu'à donner naissance à un lac. Un restaurant sur accueille les visiteurs. Il est recommandé d'y séjourner pour renouer, le temps d'une nuit, avec l'ambiance surannée des grandes propriétés espagnoles.

Los Baños

Los Baños est renommée pour ses sources d'eau chaude où il est possible de se baigner. De nombreux hôtels bordent la route, chacun proposant ses *hot springs*. On pourra y passer quelques heures au retour d'une excursion au lac Taal ou aux chutes Pagsanjan par exemple.

■ MONT MAKILING

C'est un volcan inactif mythique (mais potentiellement actif) du haut de ses 1 109 m. Il abrite plus de 2 000 espèces de plantes et est idéal pour les trekkings. Le typhon Xangsane en 2006 a toutefois endommagé le sentier qui monte à l'un des sommets (de 4 à 5 heures de balade) : il est fermé jusqu'à nouvel ordre. Le circuit Sto. Tomas mène à un autre sommet en 6 à 7 heures de trek, assez délicat ; il demande une certaine préparation physique. La plupart des resorts de Los Baños se situent au pied de ce volcan.

Alaminos et Hidden Valley

La ville a été rendue célèbre à cause de son hôtel qui abrite plusieurs sources d'eau chaude.

Pagsanjan

Les chutes de Pagsanjan (appelées chutes de Magdapio) constituent l'attraction principale du village. C'est dans ce paysage paradisiaque qu'a été tourné *Apocalypse Now* (ou du moins des scènes finales), le film mythique de Francis Ford Coppola sur la guerre du Vietnam.

■ BALADE SUR LES RAPIDES DE PAGSANJAN

La balade consiste en une remontée en barque de la rivière jusqu'aux chutes dans une gorge à la végétation tropicale luxuriante. C'est un endroit très touristique, et de nombreux locaux viennent accoster les visiteurs pour leur proposer de louer leurs services à des coûts prohibitifs. Préférez les bateaux des resorts, dont le prix est fixé dès le

© AUTHOR'S IMAGE

Habitations sur pilotis.

départ : 1 000 P par personne (plus 100 P d'assurance). Deux boatmen font remonter la rivière en poussant la barque à travers les rapides avec une agilité hors du commun. Au bout d'une heure, une heure et demie, on parvient à la grande cascade. Un supplément de 90 P est alors demandé pour avoir le privilège de passer sous la cascade en radeau. Ne pas manquer cette expérience amusante. Attention cependant ! La remontée n'est pas praticable à toutes les saisons – s'il y a peu ou trop d'eau, les bateaux ne passent pas et il est impossible de parvenir jusqu'à la grande cascade. Un pourboire aux boatmen est plus que bienvenu, presque obligatoire...

La province de Batangas

Batangas, et plus précisément Anilao, est très connue et appréciée des plongeurs habitant à Manille. En effet, on y trouve de très beaux sites de plongée non loin de la capitale.

BUBBLES

C'est un site de plongée intéressant puisqu'il y a des bulles d'air qui s'échappent du sol. Elles proviennent de l'activité volcanique du sol qui est très chaud par endroits.

CATHEDRAL

La particularité de ce site de plongée est qu'une grande croix y a été installée en 1983 à la demande du président Ramos. Les poissons y sont nombreux : pour cause, les plongeurs y pratiquent le *fishfeeding*. Les poissons des lieux adorent les bananes et le pain.

SOMBRERO

C'est certainement le plus beau site de plongée des environs. Le courant peut y être violent, mais de très nombreux poissons-clowns y ont élu domicile. Ils évoluent au milieu d'éponges géantes et de coraux colorés.

Luzon

Côte ouest de Luzon

La côte ouest de Luzon est souvent délaissée par le voyageur étranger, au profit des montagnes de la cordillère et de ses rizières en terrasses. Si la base militaire américaine de Los Angeles a popularisé celle-ci auprès d'une certaine clientèle pas toujours très reluisante (nombreux bars à filles), cette région s'enorgueillit de vrais paradis naturels (parc national des Mille Îles ou Mont Pinatubo), de plages paradisiaques (Pagudpud, au nord de Laoag), de petits bijoux d'architecture coloniale (la ville de Vigan et les églises autour de Laoag) ou de destinations hors de tous les sentiers battus (archipel de Batanes). Moins fréquentée, la côte ouest de Luzon en est d'autant plus accueillante et authentique. A prendre en compte après la découverte de la cordillère, d'autant qu'on peut aisément revenir en avion depuis Laoag vers Manille.

© AUTHOR'S IMAGE

Village de Bangaan.

Hundred Islands

Sur l'île de Luzon, la province de Pangasinan abrite un chapelet d'une centaine d'îles éparpillées dans le golfe de Lingayen. L'érosion des vagues à la base de chacun de ces confettis leur a conféré une forme de carapace de tortue ou de champignon. Ces îles représentent le vaste parc naturel marin du nom de Hundred Islands. Ce groupe d'une grosse centaine d'îlots coralliens couvre une surface de 1 844 ha et a été classé parc national en 1974. La petite municipalité de Lucap, près de la ville d'Alaminos, est la porte d'entrée pour découvrir le fameux site des Hundred Islands. Sur l'embarcadère, des bateaux attendent les visiteurs. Les tarifs des tours y sont affichés.

■ **CHILDREN'S ISLAND**

Cette île offre des tables de pique-nique, des cottages ouverts (200 P par jour) et quatre nipa huts (sans électricité) pour passer la nuit sur place. Chacune des huttes peut accueillir de deux à quatre personnes (600 P et 700 P). Il faut faire ses provisions car il n'y a pas de restaurant. Des barbecues sont prévus pour les grillades.

MARCO ISLAND ET SCOUT ISLAND

Endroits à ne pas manquer pour les amateurs de plages de sable blanc.

QUEZON ISLAND

S'arrêter sur Quezon fait partie du tour traditionnel des bateaux de Lucap. Cette île mérite effectivement de s'y attarder. Des pavillons et barbecues sont installés pour pique-niquer ou passer une nuit. Avant de quitter le quai de Lucap, il faut se munir d'un équipement de snorkeling correct car l'eau n'est pas très claire et les rares équipements en location sur l'île ne sont pas en bon état, cela afin d'aller explorer les splendides cultures de bénitiers géants qui se trouvent à 30 m, du côté est de l'île de Quezon. Des centaines, plus ou moins ouverts, sont étalés, visibles à environ 3 m de profondeur. L'Institut des sciences marines protège ces coquillages géants menacés par la dynamite utilisée par les pêcheurs dans la zone.

PARC DES HUNDRED ISLANDS

Il est agréable de naviguer entre les îlots : l'eau devient plus claire à mesure que l'on s'éloigne de la côte, il ne faut toutefois pas s'attendre à de belles eaux turquoise comme on en trouve dans l'archipel des Visayas. Pratiquer le snorkeling reste agréable bien que la pêche à la dynamite ait endommagé une grande partie des coraux.

© AUTHOR'S IMAGE

Plages de la côte au sud de l'île Luzon.

Tarifs moyens pratiqués. Petit bateau : 500 P pour six personnes au maximum, 600 P avec la nuit comprise sur une île. Pêche, natation et snorkeling. Bateau moyen : 900 P la journée avec un bateau pour seize personnes au maximum, 1 500 P avec la nuit comprise. Extra Big Boat : vingt personnes au maximum, 1 500 P la journée, 3 000 P avec une nuit sur une île.

Organisation de la journée. Il faut se mettre d'accord avec le propriétaire du bateau sur le programme de la journée si l'on souhaite faire du snorkeling, se baigner au bord de jolies plages... Vous pouvez aussi louer des kayaks en tandem sur le bord de mer, compter 500 P par jour environ.

Office de tourisme. Il se trouve sur la gauche de l'embarcadère de Lucap. On peut y obtenir des renseignements pratiques.

Île de Calayan
Îles de Babuyan
Île de Dalupiri
Île de Fuga
Île de Camiguin
Claveria
Canal de Babuyan
Santa Ana
Aparri
ILOCOS NORTE
Laoag
APAYO
Batac
Kabugao
CAGAYAN
ABRA
Bangued
Dolores
Tuguegarao
Vigan
Bucay
Tabuk
KALINGA
SIERRA MADRE
ISAABELA
Candon
Bontoc
MOUNTAIN PROVINCE
Ilagan
ILOCOS SUR
Mer de Luzon
Lagawe
LA UNION
BENGUET
IFUGAO
Santiago
San Fernando
Mont Pulog
2934 m
Lac Ambuklao
Cabarroguis
La Trinidad
Bayombong
Disalag
Cape Boiano
Golfe de Lingayen
Casiguran
QUIRINO
Alaminos
NUEVA VIZCAYA
PANGASINAN
Dagupan
Nagtipunan
Lingayen
Urdaneta
Umingan
Lac Pantabangan
AURORA
San Carlos
San Jose
Baler
0
50 km
N
BATANES
Île d'Itbayat
Basco
Île de Batan
Canal de Balintang
Île de Babuyan
Île de Calayan
Îles de Babuyan
Île de Dalupiri
Île de Fuga

Gapan
Angeles
PAMPANGA
BULACAN
QUEZON
Olongapo
Malolos
San Jose Del Monte
BATAAN
Meycauayan
Baie de Manille
RIZAL
Infanta
Manille
Mariveles
Cavite
CAVITE
LAGUNA
Trece Martres
Santa Rosa
San Pablo
Nasugbu
Calamba
Tanauan
Lipa
Lucena
Plaridel
Île de Cabra
Lubang
Île de Lubang
Looc
Calatagan
BATANGAS
Batangas
Mabini
Balatero
Calapan
ORIENTAL MINDORO
Mamburao
Santa Cruz
Pola
Socorro
Gloria
Bansud
Bongabong
Roxas
Détroit de Mindoro
Sablayan
OCCIDENTAL MINDORO
San Jose
Île d'Ilin
Île de Ambulong
Baie de Pandarochan
Détroit de Tablas Mindoro
Île de Maestre de Campo
Île de Banton
Île de Sumara
Boac
MARINDUQUE
San Francisco
Calatrava
Île de Romblon
Romblon
Odiongan
Île de Tablas
ROMBLON
Île de Caraban
Île de Sibuyan
San Fernando
Île de Napayauan
Canal de Jintololo
Île de Polillo
Détroit de Polillo
Burdeos
Île de Patnanongan
Polillo
Île de Jomalig
Baie de Lamon
Baie de Calauag
CAMARINES NORTE
Daet
QUEZON
Baie de San Miguel
Sipocot
CAMARINES SUR
Naga
Pili
Iriga
Île de Paray
CATANDUANES
Virac
Golfe de Lagonoy
Île de San Miguel
Île de Batan
Tabaco
Île de Rapu-Rapu
Ligao
Legaspi
ALBAY
San Pascual
Claveria
Donsol
Sorsogon
SORSOGON
Île de Burias
Bulan
San Jacinto
Matnog
Aroroy
Masbate
San Fernando
Détroit de San Bernardino
MASBATE
Balud
Placer
Esperanza

Vigan

Située à 130 km de San Fernando (La Union), au nord-ouest de Luzon, où l'empreinte coloniale est plus évidente qu'ailleurs, Vigan est une ville très intéressante sur le plan architectural. Elle a d'ailleurs été inscrite à ce titre au Patrimoine mondial de l'humanité par l'Unesco. Capitale d'Ilocos, c'est une ville à l'influence ibérique et chinoise très prononcée, la seule ayant conservé autant de richesses coloniales. Vigan, le « grand village du XVIIIe siècle » dans lequel on se balade en calèche, a vu naître cent cinquante châteaux en bois et en pierre. C'était aussi une étape sur la célèbre route de la soie qui reliait l'Asie, l'Arabie et l'Europe. On y troquait alors de l'or et du bois. Cité espagnole depuis sa capture en 1572 par Juan de Salcedo, elle vécut de nombreux troubles anticolonialistes, comme avec la résistance de Diego Silang en 1762 (il fut assassiné, et sa femme, qui prit alors le pouvoir local, finit pendue). Si Vigan est aussi belle, c'est parce que les Etats-Unis n'eurent pas l'occasion de la bombarder pendant la Seconde Guerre mondiale, les troupes japonaises ayant quitté la ville peu auparavant. Un séjour de deux à trois jours est vite passé. Qu'on se le dise : nous avons beaucoup aimé Vigan !

■ APATO BEACH

Son nom vient de celui d'une plante des mangroves très abondante autrefois. Les sous-marins américains avaient l'habitude de faire surface ici pour décharger leurs armes.

■ ARCHBISHOP'S PALACE

Achevé en 1793. On y voit des fenêtres typiques, ainsi que des décorations avec des motifs floraux. La collection d'objets et reliques ecclésiastiques des églises des environs est d'une valeur inestimable.

Calèche dans la ville de Vigan.

© ARNAUD BONNEFOY

Boutiques d'antiquités et d'artisanat à Vigan.

■ CANDON BEACH

Une des plus grandes plages de la région. Le sable y est gris et les eaux limpides. Quelques petits resorts se sont installés pour accueillir les rares touristes.

■ CATHÉDRALE DE SAINT-PAUL

Connue pour son architecture baroque (en réalité, « baroque des tremblements de terre » ; par exemple le clocher construit à côté du corps principal de l'église pour qu'il ne s'écroule pas à l'intérieur en cas de séisme), elle fut construite par les Augustiniens entre 1790 et 1800. Elle est réellement gigantesque. On peut y voir la tombe de Leona Florentino (sur une colonne près de l'entrée sur la Plaza Burgos).

■ ÉGLISE DE BANTAY OU ST. AUGUSTINE

Elle fut construite en 1590, puis reconstruite en 1950 suite à un tremblement de terre. Elle est célèbre pour son mélange architectural. S'y mêlent style néogothique et style roman. Son clocher ou beffroi, à l'écart sur une butte, servait d'observatoire pendant la guerre (*bantay* signifie en effet « garder »). On peut y grimper (94 marches, donation à discrétion) pour jouir d'une belle vue sur Vigan... et la mer méridioniale de Chine au loin. On observera les cinq cloches de différentes tailles ; on les sonnait chacune lors de divers événements : messe, mariage, baptême, enterrement ou alerte à l'approche d'un ennemi.

■ MUSÉE DU PADRE BURGOS

Ce musée se situe dans l'ancienne demeure du martyr Padre José Burgos, exécuté par les Espagnols en 1872. La visite permet de se familiariser avec l'histoire de la province et du mode de vie des habitants de l'époque (ustensiles, poteries, outils, vêtements, bijoux, etc.). On y verra aussi les 14 peintures d'Esteban Villanueva (un homme d'affaires et artiste autodidacte), réalisées en 1821, qui évoquent la révolte « Basi » de 1807. Le basi est un vin de canne à sucre : cette révolte fit suite à l'interdiction par les Espagnols de toute manufacture de basi dans les provinces d'Ilocos.

PAGBURNAYAN FACTORY

Cette fabrique de poterie a hérité du nom de Pagburnayan (jarre d'acier) car les jarres qu'elle produit sont aussi dures que le métal et sonnent pareil lorsqu'on les cogne. Le procédé de fabrication est simple : un mélange de sable marin, d'argile et d'eau est obtenu après 4 heures de brassage (ou plutôt de piétinement avec un carabao ou buffle d'Asie) ; la boue qui en résulte est sculptée selon la forme voulue, puis laissée à sécher pendant une semaine à l'air frais, à l'abri du soleil. A RG Jar Factory (la plus connue), les pots crus sont cuits dans un grand four de 50 m de longueur durant un jour et une nuit. Près de trois mille pièces sont récoltées après chaque cuisson. Vous pouvez acheter des articles en terre cuite dans les stands. Pour s'y rendre : en tricycle depuis le centre (se mettre d'accord sur le tarif auparavant), ou en calèche dans le cadre d'une visite globale de la ville.

PETITE BAIE DE SANTIAGO

Assez isolée, elle était utilisée comme point de ravitaillement lors de la Seconde Guerre mondiale. Un petit village de pêcheurs occupe aujourd'hui les lieux très agréables en raison des plages de sable blanc aménagées pour le plus grand plaisir des visiteurs.

TAGUDIN SUNDIAL

Ce cadran solaire qui se tient devant le hall municipal de Tagudin a été construit en 1848 par les colons espagnols. C'est l'un des rares encore en activité aux Philippines.

Îles de Batanes

A l'extrême nord de l'île de Luzon s'égrènent les 11 îles de Batanes qui regroupent environ 20 000 habitants, à Batan (l'île principale), Sabtang et Itbayat. Les autres îles, Ditarem, Adekey, Vuhus, Misanga, Dinem, Mavudis, entre autres, sont inhabitées. Situées à 160 km de Luzon, ces îles sont parfois oubliées des

Fabrique de poteries de Pagburnayan à Vigan.

cartes. Elles ne semblent pas appartenir aux Philippines tant les paysages (patchwork de champs d'un vert intense entrecoupés de haies naturelles), le climat et les habitants sont différents. Ces derniers, appelés les Ivatans, parlent une langue du même nom qui est complètement différente de toutes celles que l'on peut entendre à travers le pays. L'allure des maisons (à Sabtang notamment) rappelle les villages gaulois : des murs de pierres calcaires enfoncés dans le sol et coiffés de toits de chaume de cogongrass (*Imperata cylindrica*, une plante fourragère appelée « herbe sanglante » ou « impérata cylindrique Baron Rouge » en français). Les habitations sont en effet adaptées aux typhons qui déferlent tous les ans entre juin et septembre. Elles sont construites et réparées par un système d'organisation communautaire appelé *kayvayvanaan* ou *kamanyiduan*. Avril et mai sont les mois les plus propices à la visite des îles de Batanes. Jadis très isolées, elles sont aujourd'hui desservies par avion et constituent ainsi une destination aussi étonnante que pittoresque.

COLLINES DE NAIDI

Elles offrent une vue d'ensemble sur la ville de Basco, sur le mont Iraya et sur les falaises de l'île depuis le phare.

IVANA ET ÉGLISE SAN JOSE

Elle fut construite en 1814 et ressemble quelque peu à une forteresse. Elle est très bien conservée. Ivana se situe à 14 km au sud de Basco. On peut y voir l'une des plus anciennes maisons des Batanes,

© AUTHOR'S IMAGE

dakaya's house, où vit Florestida Estrella, l'une des femmes les plus photographiées de l'archipel !

ÉGLISE SAN CARLOS BORROMEO

Elle a été achevée en 1789 et abrite toujours des objets datant de plusieurs siècles.

MARLBORO COUNTRY (RAKUH-A-PAYAMAN)

C'est un énorme espace de prairies verdoyantes qui rappellent les Highlands écossais. Les seuls « habitants » que l'on rencontre sont quelques carabaos (buffles d'Asie) sauvages. Il n'y a rien aux alentours, si ce n'est une magnifique vue panoramique sur la mer. A Tukun, où se dresse une station météorologique, on jouit d'un panorama à couper le souffle sur la mer méridionale de Chine et l'océan Pacifique. C'est ici qu'a ouvert le superbe lodge de la fondation Pacita, en l'honneur de la peintre Pacita Abad, décédée en 2004.

MONT IRAYA

C'est un volcan endormi qui culmine à 1 009 m d'altitude. Sa dernière éruption date de 1454. Il est possible de l'escalader si le temps le permet : compter 2 heures jusqu'au site de camping, puis 1 heure vers le sommet ; on redescend en 1 heure 30 environ. Un guide est indispensable.

Les montagnes de la Cordillère

Les provinces de la Cordillère offrent des paysages, une atmosphère et surtout une expérience culturelle uniques. Elles sont le théâtre de la huitième merveille du monde, les célèbres rizières en terrasses. En gagnant le nord de Luzon, le décor devient montagneux et verdoyant. Les sapins remplacent les arbres tropicaux et le climat est très agréable. Les chaînes de montagnes culminent à 2 000 m d'altitude. Cette région réunit quatre provinces, dont Benguet, la plus méridionale et la moins isolée. Au nord de Benguet, la province des Montagnes et la province d'Ifugao sont nichées sur les flancs de la Cordillère centrale, tandis que la province Kalinga-Apayao, la plus septentrionale, reste une région peu développée et largement ignorée du tourisme. Les peuples des montagnes gardent leurs distances avec les habitants des plaines, fidèles à leurs traditions séculaires. La résistance farouche des Igorots (mot définissant les peuples de la montagne) face à l'influence espagnole reste légendaire. Les autorités qui se sont succédé dans le pays n'ont jamais pu obtenir le ralliement de ces minorités. L'agriculture, à laquelle s'adonne plus de la moitié de la population, est l'activité principale de la région. Les montagnes de la Cordillère regorgent de minerais, d'or, de cuivre, d'argent et de zinc.

Baguio et la province de Benguet

La province s'étend sur des pentes accidentées venant s'encaisser dans de profondes gorges et couvre près de 2 606 km^2 presque entièrement occupés par le parc forestier de Cordillera Forest Reserve. Elle est le premier producteur maraîcher du pays. Mais ce sont les mines qui fournissent 98 % des revenus d'exportation de la région. Le tissage au fuseau est passé dans la zone au rang de quasi-industrie. Blottie dans la vallée de la Cordillera dans la province de Benguet à 250 km au nord de Manille, Baguio s'élève à 1 500 m d'altitude et n'est autre que la capitale d'été des Philippins. La clémence du climat et les senteurs de pins en font le lieu de villégiature favori des Philippins durant la période estivale. On vient y profiter de la nature luxuriante des alentours. La haute saison bat son plein pendant le carême. L'économie de la cité s'ancre dans le tourisme. L'artisanat abonde, notamment le tissage, le travail du bois et des métaux, la confection. Les terrains fertiles autour de la cité sont parfaitement adaptés à l'agriculture, et les récoltes abondantes – riz, légumes, café, agrumes et fleurs – sont vendues sur le marché de Baguio. La saison des fraises, une des spécialités de la ville, s'étale de janvier à mars. Baguio est également renommé pour les « guérisseurs de la foi ». Ce n'est pas un arrêt obligatoire dans un parcours touristique mais ce peut être une ville étape pour les visiteurs qui se rendent dans le nord de Luzon.

■ BELL TEMPLE

C'est plein nord que se trouve le « temple de la Cloche », sous l'égide d'une communauté œcuménique mêlant bouddhisme, confucianisme, taoïsme et christianisme. Des prêtres chinois peuvent faire des prédictions aux visiteurs. On y trouve même un sanctuaire renfermant l'image de Notre-Dame de Lourdes après avoir monté deux cent cinquante-deux autres marches jusqu'à Lourdes Grotto. On y a une très belle vue sur la ville puisqu'elle se trouve au sommet de la colline.

■ BENCAB MUSEUM

Ce musée expose une collection permamente de Benjamin Cabrera : peintures du maître, collection d'arts indigènes et œuvres d'artistes philippins contemporains. Une boutique de souvenirs, un café et un petit sentier forestier complètent l'ensemble, bien agréable.

■ BURNHAM PARK

Centré sur un lagon artificiel, ce parc porte le nom de l'urbaniste Daniel Burnham. Le parc, véritable coulée verte au cœur de la ville, est l'un des refuges des citadins. On peut faire du cabotage sur le lac. Le terrain est propice aux pique-niques et concerts. Les allées fleuries attirent les cyclistes et les amateurs de rollers. On trouve aussi des terrains de tennis, de football et de basket, et un orchidarium.

■ CAMP JOHN HAY

Il s'étend sur 690 ha de forêts et collines. Cet ancien centre de loisirs établi par les Américains est devenu une base sportive ouverte au public, avec hôtels, restaurants, green, courts de tennis, bowling, piscine et piste de course.

■ EASTER SCHOOL WEAVING ROOM

La salle de tissage de cette école construite en 1905 par des missionnaires protestants sur Easter Road, au nord de la ville, est la meilleure vitrine des productions artisanales de la région. On peut y découvrir le tissage tel que les habitants des montagnes le pratiquent depuis des siècles.

■ GRAND MARCHÉ

En descendant la Session Road, la rue la plus vivante du centre-ville, on tombe sur le marché public, qui s'étale le long de Magsaysay Avenue. Le marché est une attraction très populaire, énorme, avec de multiples sections, très bien fournies. On y trouve de tout, notamment des fleurs superbes et sampaguitas, des noix de cajou, des cacahuètes grillées, des confitures, des fraises, des vêtements importés, des tennis, des tongs. Il regorge de fruits et légumes frais qui proviennent des fermes de La Trinidad et de Benguet.

© AUTHOR'S IMAGE

Tribu Ifugao.

■ LACS DE MONTAGNE

Hormis ses grottes, Kabayan est entouré de plusieurs lacs dans des forêts de pins et de chênes, au pied du mont Pulog : lac Tabeyo, lac Incolos, lac Bulalakaw et lac Datep-Ngapos.

■ MANSION HOUSE

Résidence estivale des chefs d'Etat philippins. Cette demeure est aussi un musée où l'on trouve quantité de souvenirs et d'œuvres d'art que les gouverneurs généraux américains et les présidents ont rassemblés au cours des années. Sa grille parfaitement ouvragée s'inspire du palais de Buckingham à Londres. La résidence jouxte Wright Park, où l'on peut louer des chevaux pour une balade dans les sentiers abrités par les pins.

■ MINES DE BALATOC

Ce site minier est l'une des attractions touristiques qui illustrent le mieux le monde de la mine et l'héritage culturel des Itogon de Benguet. Les tunnels sont parfaitement entretenus par la société Benguet Gold Operations, qui organise la visite de l'endroit.

■ MINES VIEW PARK

Faites un vœu en lançant une pièce de monnaie dans les vieilles mines. Le parc d'Observation des mines constitue un superbe point panoramique sur la vallée et les montagnes.

■ MOMIES DE KABAYAN

La ville de Kabayan est connue pour ses sites d'ensevelissement qui parsèment les collines avoisinantes. Genoux repliés sur les corps encastrés dans des troncs d'arbres évidés, les momies datent d'au moins 500 ans et sont censées appartenir au groupe Ibaloi. Pour parvenir aux grottes, il faut un guide et marcher longuement sur des sentiers difficiles. On peut se rendre à celle de Timbac (accessible à la borne du Km 52 sur l'autoroute Halsema en direction des montagnes de Singalakalsa) ou bien au rocher de Tinongchol. Celui-ci a la hauteur d'une maison de trois étages et renferme des momies centenaires dans des cavités creusées dans la roche.

■ MONTAGNE SANTO TOMAS

Elle offre une randonnée de 15 km parsemée de grottes, dont certaines furent creusées par des chercheurs d'or, d'argent et de cuivre. Le sommet offre une magnifique vue du golfe de Lingayen. Compter 2 heures 30 à 3 heures pour l'atteindre.

■ MONT PULOG

Située à Kabayan, cette montagne culmine à 2 938 m au-dessus du niveau de la mer ; c'est le deuxième sommet du pays, après le mont Apo dans la province de Mindanao. Pulog signifie « chauve » en dialecte ibaloi. Une procession annuelle s'y déroule entre février et avril. Les quatre jours de randonnée qui mènent au sommet permettent d'avoir une superbe vue sur la vallée du fleuve Cagayan, sur les chaînes de la Sierra Madre et de la Cordillère, ainsi que sur l'océan Pacifique et la mer de Chine.

■ MOUNTAIN PROVINCE MUSEUM

Ce petit musée, situé dans le Baguio Convention Center, propose une approche vivante de la vie des tribus du centre de la Cordillère. Des objets artisanaux (sculptures sur bois, paniers, bijoux, poteries et outils de tissage) y sont exposés.

■ SAINT LOUIS UNIVERSITY SILVER SHOP

L'université de Saint-Louis, la plus grande de la Cordillère, propose un apprentissage du travail de l'argent. C'est dans son atelier que l'on peut voir les étudiants à l'ouvrage. On peut acheter leurs créations dans la boutique de l'université.

■ SOURCE D'EAU CHAUDE D'ASIN

A 16 km de Baguio, dans la localité de Tuel, sur la commune de Tublay, la station thermale est notable pour sa piscine alimentée par une eau de source à 35 °C, véritable bain de vapeur au milieu d'une végétation dense, que surplombent des ponts suspendus.

La province d'Ifugao

La province d'Ifugao s'étend sur 251 780 ha, au pied de la chaîne de la Cordillère. Elle fit partie de l'ancienne province des Montagnes jusqu'en 1966, date à laquelle elle devint une province autonome. Les pics d'Ifugao culminent à 2 523 m. L'été, les températures sont plus clémentes que dans le reste de Luzon en raison de sa situation élevée et de ses abondantes forêts.

© AUTHOR'S IMAGE

Vue de Banaue.

© AUTHOR'S IMAGE

Les terrasses de riz de Batad.

Composée de neuf villes, dont Banaue, c'est une destination touristique des plus populaires grâce à ses magnifiques et majestueuses rizières en terrasses, les plus belles du pays et peut-être du monde. Ces rizières, que l'on peut notamment admirer à Banaue, Hungduan, Kiangan et Mayoyao, ont été classées Patrimoine mondial de l'humanité par l'Unesco.

Banaue

La petite ville de Banaue se situe à 1 200 m d'altitude, d'où une température toujours fraîche, particulièrement en soirée. Banaue tente de préserver ses anciennes pratiques et coutumes ancestrales malgré le développement du tourisme qui tend à modifier le mode de vie de ses habitants. Cette bourgade ne possède pas en soi de charme particulier mais vaut surtout pour sa situation puisqu'elle est entourée de rizières en terrasses à perte de vue. A l'aube, quand les brumes caressent les montagnes, ou au coucher du soleil lorsque les teintes rosées forment des halos au sommet des montagnes, on est alors imprégné de l'atmosphère mystérieuse de ce lieu.

Banaue est le départ de la plupart des treks dans la région. Courtes balades de quelques heures pour accéder à un point de vue ou expéditions de plusieurs jours dans les splendides villages alentour, chacun aura la chance selon ses capacités de profiter de la splendeur des lieux. Le premier contact avec la population peut être déplaisant car les touristes sont tout de suite accostés par les rabatteurs, qu'ils soient guides ou travaillent pour les guesthouses de la ville. Ils ne sont pas forcément de mauvais conseil. Mais la population est généralement très accueillante et aide le voyageur à s'organiser pour découvrir la région. Ceux qui ont un peu plus de temps peuvent s'intéresser à la très riche culture ifugao que le tourisme pourrait hélas mettre en péril car la population se détourne de ses pratiques anciennes, tentée par les revenus du tourisme plus conséquents.

La huitième merveille du monde

Les rizières en terrasses, reflet du génie des premiers habitants, sont, selon la légende, classées huitième merveille du monde et figurent sur la liste du Patrimoine mondial de l'Unesco. Elles déferlent sur la montagne comme de soyeux drapés de couleur verte. On dit que si elles étaient mises bout à bout, elles encercleraient la moitié du globe. Leur longueur totale atteint tout de même 20 000 km ! Grâce à l'audace des premiers Ifugaos, les montagnes ont été modelées, avec un système de murs de pierre ou de terre qui peuvent s'élever jusqu'à 23 m. Les terrasses furent construites il y a deux mille ans quand les membres de ces tribus ont entrepris de les tailler et de les sculpter à l'aide d'outils rudimentaires. Construites et créées par des hommes libres sur lesquels aucune autorité n'exerça son pouvoir et sans avoir recours à l'esclavage, ces terrasses sont viables grâce à un parfait système d'irrigation. Les sources et les ruisseaux de la montagne sont canalisés dans des rigoles. Les canaux strient les rizières descendant jusqu'à la base de la montagne. Les bambous percés de quelques trous répandent l'eau à travers les plantations ; ainsi elle ne s'évapore pas. La connaissance de la nature et la technicité des Ifugaos ont beaucoup intrigué et impressionné. L'existence des terrasses est pourtant restée méconnue pendant la colonisation espagnole. José Rizal, par exemple, n'avait pas eu connaissance de cette réussite. La culture du riz accapare les agriculteurs ifugaos de génération en génération. La surface potentielle de récolte est considérable. Leur lourde mission est de préserver ces terrasses intactes. Le travail est très éprouvant physiquement. Ils restent courbés de l'aube au crépuscule, après avoir parcouru des kilomètres. La plantation s'effectue en février ; la récolte en juillet. De juillet à septembre, on nettoie les terrasses ; en décembre, on prépare la terre pour la plantation. On ne peut rester insensible à une telle œuvre humaine, qui témoigne du riche savoir des Ifugaos, qui ont su dominer la nature tout en la préservant.

Vue de Banaue.

© AUTHOR'S IMAGE

Tribu Ifugao.

■ RIZIÈRES DE BANAUE ET VIEWPOINT

Ces rizières, considérées comme la huitième merveille du monde, sont vieilles de 2 000 ans. Elles se dressent telles des marches vers le ciel. Elles s'élèvent jusqu'à 1 500 m et constituent le meilleur exemple d'une technique séculaire de culture à flanc de montagne. Ruisseaux et cascades sont captés dans des canaux d'irrigation qui parcourent les rizières jusqu'au pied de la montagne. Le meilleur panorama sur ces terrasses est le Viewpoint, à 4 km de Banaue, sur la route de Bontoc. Ce point de vue très fréquenté doit sa popularité au fait que les Ifugaos s'y rendent en costume traditionnel et tirent rétribution de leur pose devant les appareils photo des touristes (donner 20 P par personne environ, si cet « échange de bons procédés » ne vous rebute pas). Au Viewpoint, on trouve de l'artisanat local (bijoux et accessoires en argent, en bronze et en cuivre) fabriqué à l'aide d'outils rudimentaires. On peut être accompagné d'un guide qui saura conseiller le visiteur sur les différentes randonnées possibles à partir de ce point de vue.

Batad et Cambulo

Batad est sûrement l'un des plus beaux endroits des Philippines, un incontournable pour tout voyageur dans le nord de Luzon. Les panoramas sur les rizières (notamment au lever et au coucher du soleil) sont spectaculaires. Il est clair que le tourisme récent a changé la donne : ce n'est plus la petite communauté de fermiers isolée au bout du monde, mais un petit village qui a pris le pli du tourisme international. Les vieillards vêtus de leur habit traditionnel marchandent des photos au lieu de raconter des histoires lors des veillées. On dit que l'alcoolisme commence à frapper certains habitants. L'électricité est apparue en 2005, apportant jeux vidéos, bière fraîche et téléphones portables (qui ne marchent pas vraiment, sauf pour envoyer des SMS). Bon, ce tableau est plus noir que la réalité : Batad reste un vrai enchantenemnt et un coup de cœur. Nous vous conseillons d'y dormir au moins deux nuits pour bien vous imprégner de cette atmosphère unique. Un trek de trois jours au milieu des rizières restera comme l'un de vos meilleurs souvenirs aux Philippines. Cambulo, à deux heures de marche de Batad, est un village ifugao calme et typique au milieu de belles rizières en terrasses. Les villageois sont moins habitués aux touristes.

CHUTES D'EAU DE TAPPIYAH

Ces chutes d'eau se trouvent à une heure de marche assez ardue de Batad (45 minutes pour les bons marcheurs). Elles se jettent dans une immense piscine naturelle. Très agréable de s'y baigner après la marche depuis Banaue. Pour s'y rendre, gagner tout d'abord le Waterfall Side Lodge, puis descendre jusqu'aux chutes.

Hapao et Hungduan

Les rizières de Hapao, à 15 km de Banaue, méritent également une visite. A 25 km de Banaue, sur cette même route, se situe Hungduan. A 9 km de cette ville, on découvre les chutes de Buyukan, la source thermale d'Ahin et le mont Napulawan à l'épaisse forêt tropicale dotée d'une riche flore (6 heures d'ascension). C'est là que le général japonais Yamashita et ses troupes menèrent leur dernier combat lors de la Seconde Guerre mondiale. La source chaude Dayandi est située à 11 km du centre de Hungduan. Selon certains, les rizières d'Hungduan sont encore plus impressionnantes que celles de Batad. Les touristes s'y aventurent rarement ; c'est un tort, la route est à couper le souffle

Mayoyao

A 44 km de Banaue, la ville de Mayoyao est entourée de rizières en terrasses sur lesquelles le visiteur a une vue splendide dès son arrivée ; c'est le départ de la fameuse randonnée vers le mont Amuyao, haut de 2 702 m. C'est une randonnée difficile mais inoubliable. Un superbe panorama sur la province des Montagnes l'attend au sommet. Selon la légende, le premier couple ifugao, Bugan et Wigan, aurait trouvé refuge à cet endroit pendant le déluge qui inonda quarante jours la province. Ils auraient été les seuls survivants et auraient donné naissance au peuple ifugao

© AUTHOR'S IMAGE

Rizières en terrasses de Banaue.

La province des Montagnes

La province des Montagnes, siège gouvernemental et centre de mission chrétienne pendant la domination américaine, est une terre de tradition et de culture. Cette province montagneuse à la situation centrale s'étale sur 2 907 km^2, principalement recouverts de forêt.

Bontoc

Bontoc est la capitale de la province des Montagnes. Située à 146 km au-dessus de Baguio et à 396 km au nord de Manille, Bontoc s'élève à 870 m d'altitude. La ville est divisée en deux par la sinueuse rivière Chico, qui irrigue les terres avoisinantes. Bontoc est la terre des Igorots, plus connus dans la région sous le nom de coupeurs de têtes. Cette tradition effrayante a aujourd'hui heureusement disparu sous la pression de l'Eglise et du gouvernement. Leur vie traditionnelle et leurs nombreux rituels sont amplement détaillés au sein du très intéressant musée de Bontoc. Bontoc n'a pas vraiment d'office du tourisme (un petit bureau sur la Town Plaza n'est pas de grand secours) ; on peut obtenir des renseignements auprès des hôtels et du musée. La commune est le point de départ vers le village de Sagada, les sources chaudes de Mainit et pour les expéditions en pays Kalinga et Apayao. La route, très escarpée, traverse une végétation luxuriante.

■ GRAVURES RUPESTRES D'ALAB

A Alab, dans la commune de Bontoc, se trouve un immense rocher recouvert de flèches, d'arcs et de représentations humaines. Ces rochers symboliseraient les guerriers enterrés dans les grottes au pied du rocher.

■ MUSÉE DE LA VILLE

Il est situé à l'intérieur d'un couvent catholique et de la cour de l'école élémentaire Saint-Vincent. Fondé en 1911, par la mère Basil Gekière, missionnaire belge, le musée abrite une collection d'objets qui donnent un aperçu de la diversité des cultures montagnardes. Son principal intérêt réside dans la connaissance du mode de vie de ces tribus, au total sept groupes ethnolinguistiques de la région de la Cordillère. Des photographies, relatant les coutumes indigènes du nord de Luzon, sont exposées. Les traditions des Igorots, des Bontocs, des Kalingas, des Kakaneys de Benguet, des Ilongots de la forêt de Nueva-Vizcaya, des Aetas et des Ibalois sont passées à la loupe. Des répliques de maisons traditionnelles, dans le jardin du musée, mettent en valeur les anciens outils agricoles, les jarres, les porcelaines, les bijoux antiques et les costumes traditionnels. Les costumes sont réalisés avec de superbes pièces d'étoffes ifugaos. Il y a parfois des visites guidées en langue étrangère, parfois même en français. Faites une demande préalable au musée ou au Pines Kitchenette & Inn.

■ SOURCES D'EAU CHAUDE DE MAINIT

Les Hot Springs ou sources chaudes du village de Mainit (*mainit* veut dire « chaud » en tagalog), sur les hauteurs de Bontoc, sont agréables mais sans plus. La piscine d'eau de soufre est connue pour ses propriétés thérapeutiques et relaxantes.

■ TERRASSES DE RIZ DE MALEGCONG

Elles sont situées à 3 heures de marche au-dessus du centre-ville de Bontoc et ont comme particularité d'être construites en espalier, avec des murs de pierre pour les soutenir. Comme fortifiées, elles ont une allure différente de celles de Banaue. Elles offrent une vue panoramique des montagnes, du village de Bontoc et de la rivière Chico.

Sagada

Sagada est un village authentique, situé à 18 km à l'ouest de Bontoc, à 415 km de Manille via Baguio. Isolé, perché à 1 500 m d'altitude au sommet de la montagne, ce charmant petit village si paisible a préservé ses traditions. Les habitants et la jeune génération de cette paisible communauté ont conservé leur nom traditionnel, auquel sont ajoutés le prénom actuel et l'indispensable surnom usuel attribué à la plupart des Philippins. Les traditions funéraires et les rituels qui les accompagnent sont encore pratiqués aujourd'hui. Les cercueils des défunts sont empilés ou suspendus à l'entrée des nombreuses grottes. Les sarcophages de Sugong sont incontournables ainsi que les grottes funéraires de Lumyang, de Matangkib ou d'Echo Valley. La visite des grottes est l'attraction touristique principale de Sagada. Elles sont reconnues comme les plus variées de l'archipel. A Sagada, le parking de l'église est régulièrement occupé par quelques vendeurs de fruits et de légumes. Des jeunes y préparent, le soir, les *fishballs*. Un grand marché très typique a lieu le samedi ; les fermiers y proposent leurs produits frais.

© ARNAUD BONNEFOY

Cascade près de Sagada.

BALADE ÉCO-CULTURELLE

Cette balade proposée par l'office du tourisme est un vrai enchantement. On peut s'y rendre tout seul, mais il n'est vraiment pas évident de trouver le bon chemin : un guide est plus que recommandé. Tout d'abord, il faut prendre une Jeepney pour Bangaan (15 P par personne, départ entre 7h et 8h du matin, voyagez sur le toit bien sûr !). Là, on s'arrête à un petit embranchement et des escaliers sur la droite de la route descendent vers un petit village typique avant de zigzaguer dans les rizières, pour parvenir à Big Waterfall (ou cascade de Bomod-ok). Magnifique ! L'eau est fraîche, mais on peut s'y baigner. On revient ensuite par le petit village avant de bifurquer vers Aguid, dernier village de la vallée. Superbes panoramas sur la vallée, les rizières, les collines. Les Jeepney reviennent d'Aguid entre 13h et 13h30 (20 P par personne). Il y a parfois plus de départs les samedis (jours de marché), mais il n'y en a qu'un seul les dimanches.

Les cercueils suspendus de Sagada.

ECHO VALLEY

Il est intéressant de faire une randonnée dans Echo Valley. En partant de l'école Sainte-Marie, derrière l'église, se rendre vers le cimetière, poursuivre vers le haut jusqu'à une antenne-relais : un beau point de vue permet d'observer les cercueils au loin. Toutefois, c'est mieux de prendre le chemin abrupt qui descend vers la vallée, à partir du cimetière (prendre le sentier qui a l'air le plus évident). On parvient alors au site même des fameux cercueils suspendus. Ensuite, vous pouvez longer la rivière : nous l'avons fait, cela semble facile, mais à un moment il n'y a plus de sentier et on est vite perdu. En prenant à droite au lieu de remonter vers le cimetière, un sentier mène à la grotte de Matangkib, puis à la grotte de Latang avant de remonter vers la route principale, au niveau du Rocky Valley Inn & Cafe. Un guide est fortement recommandé car les sentiers sont mal entretenus et deviennent très boueux de juin à novembre. En outre, un guide pourra vous fournir des explications intéressantes sur la vallée.

GROTTE DE BALANGAGAN (BALANGAGAN CAVE)

A une heure et demie de randonnée au sud du village en direction de Suyo, elle est appréciée pour ses formations minérales, stalagmites et stalactites. Il est possible d'aller en voiture jusqu'à Suyo et de marcher 20 minutes jusqu'à l'entrée de la grotte.

GROTTE DE CRISTAL (CRYSTAL CAVE)

Située au sud-ouest de la précédente, à 2 km du village, elle est riche en stalactites et stalagmites blanches. Mais compte tenu de problèmes de pillage, la grotte ne peut plus être visitée.

GROTTE DE SUMAGING (SUMAGING CAVE OU BIG CAVE)

C'est l'une des plus grandes et plus populaires grottes de Sagada ; elle nécessite environ deux heures et demie de visite pour explorer toutes les chambres, plus impressionnantes les unes que les autres. L'entrée est à environ 50 m en dessous de la route et à 1,65 km du centre-ville. En s'y rendant, on jouit aussi d'une belle vue sur les rizières en terrasses de Kapay-aw et l'on voit dans les parois rocheuses les cercueils suspendus. Attention : l'eau dans la grotte peut parfois être assez haute (à hauteur d'épaule). Prenez vos précautions.

Sud de Luzon

La région du sud de Luzon est plus connue sous le nom de Bicol. Elle se divise en six provinces, dont celle d'Albay, son centre régional, avec pour ville principale, Legaspi. Trois montagnes dominent la région : le majestueux mont Mayon, le volcan actif au cône parfait, le mont Masaran et le mont Malinao. Cette région est moins fréquentée par les voyageurs. Elle est marquée par les phénomènes volcaniques comme en témoignent le mont Mayon et les sources chaudes de Tiwi. L'ampleur des ressources naturelles est manifeste : Bicol est en effet recouverte d'une forêt tropicale dense.

Naga

La ville de Naga est située à 377 km au sud de Manille et à 100 km au nord de Legaspi City. Cette ville de 160 000 habitants tient son nom du narra, un arbre qui couvrait les environs quand les Espagnols découvrirent la ville en 1573. Elle s'est imposée comme centre religieux, administratif et économique de la région de Bicol. C'est aussi un centre universitaire réputé, qui confère à la ville une ambiance animée.

MONT IRIGA ET SON PETIT LAC

Le lac repose sur la partie est du volcan. Les flancs du volcan sont couverts d'une végétation luxuriante très dense tandis que le petit lac abrite le tabius, le plus petit poisson que l'on commercialise au monde (il mesure à peine 3 mm).

PARC NATIONAL DE CARAMOAN

Ce parc, niché dans la péninsule du même nom au nord-est de Naga, était l'un des plus sauvages de toutes les Philippines. Ses falaises de calcaire qui plongent dans la mer, ses plages de sable blanc rappellent le nord de Palawan (El Nido, Busuanga). Mais *Koh Lanta* est passé par là en 2008, et depuis deux ans de nombreuses versions du *Survivor* nord-américain s'y déroulent.

C'est en quelque sorte devenu le « paradis » de la télé-réalité. Un hôtel situé à Gota, le Gota Village Resort, est parfois ouvert au public quand aucune émission n'est en cours (les équipes squattent alors la région de Gota pendant des mois et il est interdit de s'y rendre). Toutefois, il existe encore de belles opportunités pour les aventuriers, notamment autour de Caramoan et Paniman. On peut trouver à loger à Caramoan. Pour s'y rendre depuis Naga, c'est simple en fin de compte : Jeepney de Naga (départs entre le terminal et le SM City Naga) pour Sabang (2 heures de route, dans les 100 P). Puis bateau jusqu'au port de Guijalo (2 heures de navigation, départs réguliers le matin, pas l'après-midi, compter de 120 à 130 P). Ensuite, triycle jusqu'à Camaroan (10 minutes, entre 75 et 100 P). Il faut donc partir tôt de Naga. Reste ensuite à découvrir les merveilles naturelles de la péninsule ! Compter 1 800 P par excursion (on ne voit pas toutes les îles en une seule journée). Les dix îles les plus belles sont : Lahuy, Matukad, Pitogo, Sabitang Laya, Minalahos, Lahus, Hunongan, Gota, Cotivas et Tinago. Une foule d'activités sont disponibles sur place : on peut glaner des informations sur : caramoanislands.com.

Legaspi

Située à environ 550 km de Manille, cette ville de 180 000 habitants, blottie au pied du volcan Mayon, a un charme tout à fait particulier. Au sud-est de sa province, dans la partie est de la péninsule de Bicol, Legaspi, centre commercial de la région, est la seule ville d'Albay. Sa terre est riche et volcanique. Grâce à son port très actif et son majestueux volcan, Legaspi a été appelée « la princesse du Sud ». Son petit port dans le golfe d'Albay, où fourmillent les bateaux de pêche et ceux qui exportent le coprah, servit de point d'ancrage aux bateaux venant du Mexique, au XVIe siècle. Les activités principales sont tournées vers la mer et l'agriculture. L'artisanat est très riche. Les usines de fibres végétales se trouvent dans la banlieue. Legaspi est aussi le centre de l'artisanat d'abaca, un arbre qui ressemble au bananier, avec lequel on réalise des accessoires, des textiles, des

La Province d'Albay

Coincée entre la province de Camarines, au nord, et celle de Sorsogon, au sud, la province d'Albay est bordée par l'océan Pacifique à l'est et par le golfe Lagonoy à l'ouest. Elle comprend dix-sept villes et s'étale sur 2 552 km². Son activité principale est la culture du chanvre. Les plantations de cocotiers et d'abacas (sorte de bananiers) sont immenses (500 000 ha). Les dialectes bicolano et albayano sont complexes si bien que les communications entre voisins peuvent s'avérer difficiles.

chemises et aussi des meubles. Ces vanneries sont exportées dans le monde entier. Le 30 novembre 2006, la ville a été sérieusement touchée par le typhon Duria, qui entraîna des coulées de boue (*lahar*) dévastatrices du volcan Mayon, entré en éruption mineure quelques mois auparavant. On a recensé pas moins de 1 300 morts. La dernière phase éruptive du « plus beau volcan du monde » remonte à décembre 2009 (près de 35 000 personnes évacuées).

■ CASCADES DE BUSAY

Un très beau site situé à 20 km au nord de Legaspi. La cascade est en réalité multiple : on ne compte pas moins de sept chutes pour un total de 243 m. La plus grande mesure 91 m : c'est l'une des plus hautes cascades du pays.

■ CASCADES DE MATAGINTING

Elles sont très agréables et entourées d'une très belle végétation.

■ CHUTES D'EAU DE MALINAO

Elles sont idéales pour la baignade.

■ GROTTE DE HOYOP-HOYOPAN

La grotte tire son nom du mot « hoyop-hoyop » qui veut dire « souffle-souffle », sans doute à cause du vent que l'on entend souffler dans la grotte. Les paysages champêtres sont jolis.

■ KAPUNTUKAN HILLS OU SLEEPING LION HILLS

Elles peuvent être admirées depuis le Victory Village. Ces collines représentent un lion couché. Pour grimper dessus et dominer le port et la ville de Legaspi, ainsi que les municipalités voisines de Manito et Rapu-Rapu, il faut rejoindre le barangay Dap-Dap en tricycle et choisir un guide (tricycles au départ de la cathédrale, 30 P environ).

■ ÉGLISE DE DARAGA

Cette église résulte d'un mélange d'architectures romane et baroque. Elle fut construite en 1773 avec des pierres volcaniques par des missionnaires franciscains. Du haut de la colline, elle domine Daraga. Son impressionnante façade en roche volcanique est recouverte d'inestimables sculptures religieuses. Pour s'y rendre, prendre l'un des nombreux Jeepney en provenance de Legaspi.

■ ÉGLISE DE TABACO

Elle a été entièrement construite en pierre volcanique.

■ LIBERTY BELL

C'est le symbole de la libération de l'oppression japonaise, construite par les Américains en 1945. Elle se trouve dans le parc de Peñaranda (Albay Freedom Park). Le monument sans tête, situé devant la poste, est dédié aux héros inconnus morts pendant l'occupation japonaise. C'est une donation de don Buenaventura de Erquiaga, un philanthrope espagnol.

■ PLAGE DE PUTSAN

Source de l'ancienne industrie de céramiques et poteries de la région de Bicol encore productive actuellement, cette plage de sable blanc contraste avec les sables volcaniques situés à Tiwi.

RUINES DE L'ÉGLISE CAGSAWA

Cagsawa est l'un des meilleurs endroits pour admirer le volcan Mayon. Les ruines de son église rappellent la plus grosse éruption du volcan, survenue le 1er février 1814, faisant 1 200 morts. Elle a détruit les villages de Cagsawa, de Camalig et de Budiao, les recouvrant d'une épaisse couche de cendre et de lave, emportant tout sur son passage. On peut faire une halte au restaurant Cagsawa 1814, que possède la famille Listana.

VICTORY VILLAGE

C'est un village de « squatteurs ». Ces derniers ont construit leurs huttes au bord de la mer des Philippines, sur pilotis et sur les terres publiques du gouvernement. Le village se trouve à cinq minutes à pied du centre de Legaspi. Il comprend un petit marché aux poissons. Les habitants s'occupent essentiellement de pêche. Au retour des pêcheurs, vers 18h, les femmes et les enfants s'attroupent pour aider au déchargement et au tri des poissons. L'esprit communautaire est très développé. Les huttes sont plantées dans les eaux saumâtres de la lagune. Fréquenté par quelques rares touristes de passage, le village, pittoresque, est resté intact.

VOLCAN MAYON

C'est le plus majestueux de tous les volcans des Philippines. Situé entre les villes de Legaspi et de Tabaco, le mont Mayon est l'un des volcans les plus actifs du pays, célèbre pour son cône parfait, qui pointe au cœur de la végétation luxuriante. Son cratère se tient à 2 453 m au-dessus du niveau de la mer, avec un diamètre de 5 km. La lave creuse des ravines le long de ses versants. Il diffuse en permanence

Village badjao construit sur pilotis.

des vapeurs de soufre. Depuis 1616, environ 50 éruptions ont été enregistrées par le Philippine Institute of Volcanology and Seismology (Philvocs). La plus spectaculaire et catastrophique a eu lieu le 1er février 1814. La lave s'est répandue du côté de Daraga, détruisant l'église de Cagsawa. 73 000 personnes ont été déplacées et 1 200 trouvèrent la mort. La dernière éruption a eu lieu en décembre 2009. Le mont Mayon est dérivé de *magayon*, qui veut dire « beau ». Son cône parfait a inspiré de nombreux poètes. Selon la légende, le volcan serait né de la tombe d'une jolie demoiselle, une princesse, objet du désir, devenue une héroïne tragique, sacrifiée par son père et les membres de sa tribu. L'écrivain Merlinda Bobis, originaire de la région, compare le volcan à une jolie demoiselle aux formes parfaites qui change d'apparence suivant les moments de la journée. On peut faire l'ascension du volcan (surtout entre février et mai), mais la promenade est assez sportive et prend deux jours aller-retour, à moins de partir très tôt et d'être un bon marcheur. Deux refuges sont à la disposition des trekkeurs, le premier après 2 heures de montée (depuis le début du sentier à Buyoan, 15 km au nord de Legaspi), le deuxième 2 heures 30 plus tard. Il est préférable de suivre un guide et de se faire enregistrer à l'office du tourisme de Legaspi : compter environ 4 000 P pour deux avec un guide. Il existe une autre possibilité de découvrir le volcan. Le Mayon Skyline Hotel est perché sur le versant nord du Mayon, à une altitude de 810 m. Attention : il n'est pas en service, mais il y a un petit café. La douceur des températures est tout aussi appréciable que la vue panoramique sur l'océan Pacifique, les lacs et les communes avoisinantes. On y accède par Tabaco ou Legaspi en louant un véhicule ; il est possible d'utiliser les transports en commun mais il y a plusieurs changements et l'on est déposé à 8 km du Skyline Hotel. On peut vous conseiller des guides à l'office de tourisme de Legaspi. Le plus simple peut être de passer par une agence pour organiser l'ensemble de l'excursion.

Catanduanes Island

Cette île de 1 512 km^2 pour environ 235 000 habitants, située dans l'océan Pacifique, au nord-est de Legaspi et du volcan Mayon, représente une destination rêvée pour les aventuriers et les amateurs de surf. Ce n'est pas pour rien qu'on la surnomme « The Land of the Howling Winds ». Située directement sur le chemin des typhons venant du Pacifique, la côte est de l'île est renommée auprès des surfeurs expérimentés pour sa vague « Majestics », qui peut atteindre 10 m de hauteur, sur la plage de Pururan Bay. Pour les surfeurs débutants, il est également possible de s'entraîner sur de plus petites vagues (de 1 à 2 m), notamment sur la plage de Coconut Point, à Twin Rocks près d'Igang. La meilleure saison pour le surf débute en juillet et se termine vers novembre. C'est aussi la période des tyhons, qui peuvent être très violents.

Mindoro, Romblon et Sibuyan

Mindoro

Selon la légende, les Anitos, les premiers habitants, vénéraient cette terre sacrée, baptisée « Minas de oro », en raison de son sol riche en or. D'après les historiens, dès 892, le commerce avec les Chinois y était déjà très actif. L'or des montagnes était distribué en échange de porcelaines de Chine et d'épices indiennes. Il est pur, presque à 100 %, dans le nord de Mindoro. Les inlassables chercheurs draguent encore, de façon artisanale, la rivière Subaang qui se trouve de l'autre côté de San Teodoro, celle de Madaan, à côté de Baclayan, et celle de Santo Tomas à l'ouest, près d'Abra de Ilog. Malheureusement, malgré un travail très minutieux, l'effort paye peu. Mindoro était autrefois intégré à la province de Bonbon (Batangas) avec Marinduque. Elles se sont séparées au début du XVIIe siècle. Mindoro, situé à 160 km au sud-est de Manille, est la septième île des Philippines, en termes de superficie (9 864 km^2). Bien que proche de la capitale, elle est encore très peu touristique, exception faite de sa station balnéaire, très populaire, Puerto Galera. Le 13 juin 1950, l'île fut divisée en deux provinces afin d'accélérer son développement. Le Mindoro occidental et le Mindoro oriental sont délimités par une frontière naturelle, la chaîne de la montagne Halcon, qui s'étend du nord au sud. Les équipements se développent lentement à cause de l'épaisse forêt tropicale et des montagnes de plus de 2 000 m d'altitude qui couvrent l'intérieur de l'île. Le réseau routier est donc très limité et dans un piteux état, excepté aux abords des grandes villes et vers Puerto Galera. La plupart des routes, très rocailleuses, ne sont pas goudronnées. Les voyages en bus et en Jeepney sont longs et mouvementés. L'île de Mindoro est connue comme étant le fief d'un grand nombre d'indigènes.

© AUTHOR'S IMAGE

Mindoro, Romblon et Sibuyan

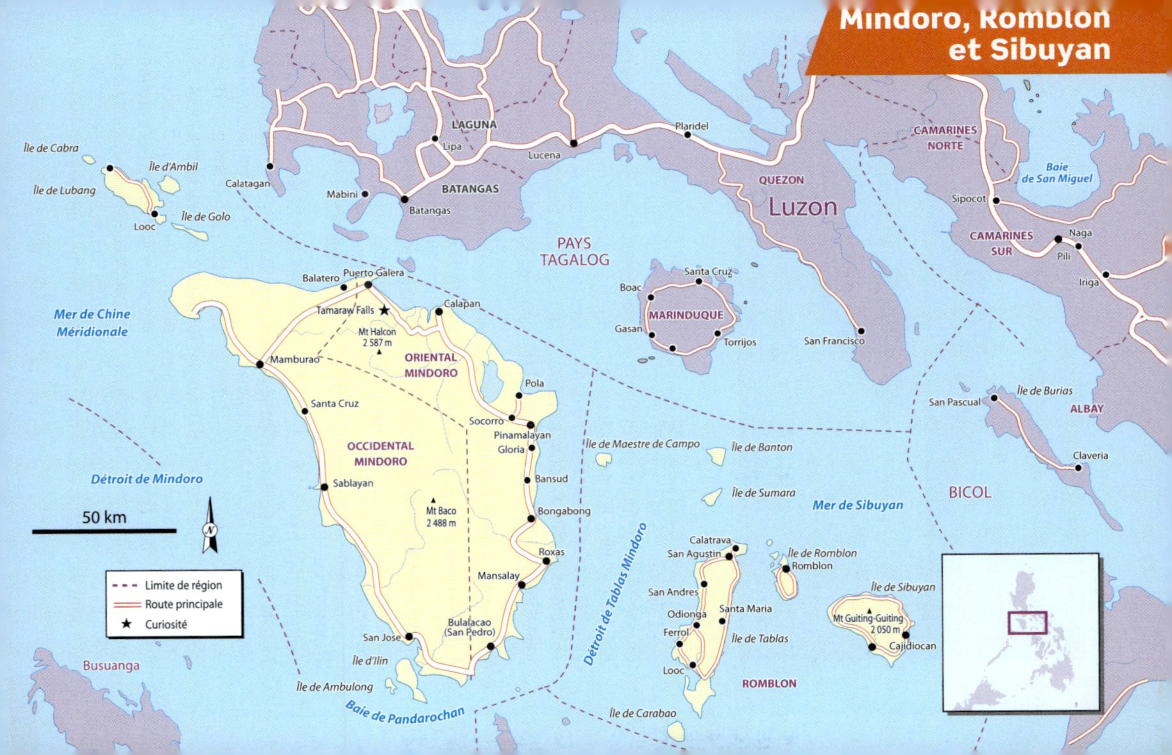

© AUTHOR'S IMAGE

White Beach.

Les premiers habitants, regroupés sous le nom de Mangyans, vivent aujourd'hui confinés à l'intérieur des terres, dans les montagnes, et constituent une grande partie de la population de l'île. Mindoro satisfera autant les amateurs de plage, la côte orientale possédant une bonne infrastructure hôtelière, que les passionnés d'ethnologie qui pourront aller à la rencontre des tribus mangyans. Quant aux plongeurs, ils auront l'occasion d'explorer de superbes sites le long de la côte occidentale.

Puerto Galera

Cette station balnéaire proche de Manille, connue comme « la perle de Mindoro », est l'un des sites touristiques du pays les plus fréquentés. Situé à l'extrême nord du Mindoro oriental, Puerto Galera est niché au fond d'une baie presque fermée, succession de criques et de plages, et présente un très joli site naturel. Cette ville offre une côte découpée baignée d'une eau claire où abondent jardins coralliens et faune marine (murènes, raies pastenagues, barracudas, tortues de mer, poulpes et autres petits poissons tropicaux). Le lieu est très apprécié des plongeurs. En dehors des plages, pour le repos de l'âme ou les amateurs de sports terrestres, d'autres attractions sont proposées, comme le golf ou les randonnées en forêt, sur les terres des Mangyans. Les montagnes environnantes permettent d'agréables treks. Le port de Puerto Galera accueille les visiteurs dans la baie de Muelle.

■ MONT HALCON

C'est le troisième sommet des Philippines, à 30 km au sud-ouest de Calapan. Il culmine à 2 505 m et peut être gravi en quatre jours (aller-retour), mais c'est une ascension réservée aux marcheurs aguerris. On peut y accéder en Jeepney depuis Puerto Galera en 2 heures environ. A noter que cette ascension était interdite depuis 2005. Elle doit être de nouveau autorisée quand vous lirez ces lignes, renseignez-vous.

MUSÉE DE PUERTO GALERA

Au rez-de-chaussée d'un couvent catholique sont exposés des objets de valeur datant de l'ère espagnole (porcelaines chinoises et poteries siamoises du XVe au XIXe siècle, légende du riz noir trouvé à Puerto Galera). Il contient également des jarres funèbres de la dynastie Ming et une collection de coquillages.

PLAGES

La plage de Sabang est le spot idéal pour les amoureux de plongée sous-marine, de snorkeling ou de vie nocturne. La plage en elle-même n'offre pas d'attrait particulier. Les bancas y sont nombreuses (des départs s'effectuent également de Sabang) et gênent un peu la baignade. A marée basse, les bateaux sont échoués sur le récif et les algues tapissent la plage ; elle retrouve néanmoins un peu de son charme à marée haute. Son principal atout demeure ses fonds coralliens, et sa réputation tient à sa multitude de poissons colorés. Beaucoup d'expatriés s'y rendent lors de week-ends prolongés. Il peut être agréable d'emprunter le chemin qui, traversant une belle palmeraie, mène à l'Escarceo Point, à 2 km à l'est de Sabang où se trouve un phare abandonné de 14 m, d'où l'on peut admirer un magnifique panorama, en particulier au lever et au coucher du soleil. Il faut suivre la route depuis le marché et ne pas hésiter à demander aux habitants la direction du *lighthouse* (celui-ci est plutôt mal indiqué). Depuis Sabang, il est facile de marcher jusqu'à Small La Laguna, puis Big La Laguna en longeant la mer vers l'est et en passant sur les digues aménagées (de 10 à 20 minutes, en évitant d'effectuer le trajet à marée haute). Les plages de Small La Laguna et Big La Laguna sont plus tranquilles et propices au snorkeling. La plage d'Aninuan est toutefois la plus paisible.

Pêcheur sur White Beach.

■ **TAMARAW FALLS**

Du haut de ses 31 m, c'est la plus haute cascade de la province, à Vilaflor, sur la route qui mène à Calapan (15 km du centre-ville de Puerto Galera). Elle se jette dans une piscine naturelle. Un bain y est très rafraîchissant. L'environnement et les vues valent le détour, surtout en semaine quand l'endroit est désert.

Bulalacao

Bulalacao est le petit village situé à la pointe sud de l'île, entre San José et Mansalay. Il est difficile d'accès depuis la province du Mindoro occidental. De San José, la route qui traverse la montagne est pittoresque en Jeepney, mais presque impraticable à la saison des pluies (de juin à novembre). Dans les passages difficiles – pentes verticales –, les passagers sont évacués et rattrapent la Jeepney à pied.

■ **VILLAGE HANUNOO**

Les Hanunoos, qui prétendent être les seuls vrais Mangyans, fabriquent des paniers souples en bambou et palme décorés de dessins géométriques, qui sont parmi les plus beaux des Philippines. Pour rejoindre la tribu des Hanunoos, il faut prendre la route en direction du barangay San Roque et s'arrêter à Banti. De la route, de Banti, une marche de trois quarts d'heure s'impose à travers la forêt, avant de rejoindre le sitio Agong, village hanunoo. Demandez un guide à la mairie ou au couvent de Bulalacao. Un membre de la tribu, descendu faire quelques emplettes à la ville, peut vous y accompagner. Agong se trouve à plus de 18 km du centre de Bulalacao et compte quarante-trois familles (470 habitants).

Sablayan

Sablayan, au milieu de la côte ouest, en dessous de Mamburao, est une petite ville côtière accueillante et propre, à l'embouchure de la rivière de Sabang. Elle fait face aux îles de Pandan, point de départ pour le récif d'Apo.

Jeune fille philippine à White Beach.

■ **CENTRE PÉNITENTIAIRE**

A 15 km du centre-ville, une prison modèle, à l'image de celle de Palawan, près de Puerto Princesa, ouverte aux visiteurs. Les prisonniers obtiennent un lopin de terre qu'ils cultivent en famille. Leur activité artisanale leur permet de travailler le bois et le rotin. Les produits sont vendus dans la région.

■ **COMMUNAUTÉ DES ALAGANS ET LES TAMARAWS**

Des balades assez sportives peuvent s'effectuer sur les hauteurs de Sablayan, à travers les monts Iglit et Baco. Classé parc national, ce domaine est une importante réserve (au nord-ouest du mont Iglit) qui abrite la communauté des Alangans, une autre tribu mangyan, et différentes espèces animales et végétales, notamment le tamaraw, un buffle sauvage plutôt agressif et délicat à approcher (cousin de l'obéissante carabao) qui n'évolue que dans l'île de Mindoro.

Pandan Island

Deux petites îles sont visibles de Sablayan. Une seule est développée : Pandan Grande Island. On fait le tour de l'île en une heure en prenant son temps. Diverses activités sont proposées : ski nautique, balades à cheval et ascension des rivières en canoë-kayak. L'île de Pandan ne serait pas Pandan sans son centre de plongée sous-marine qui organise des excursions pour partir à la découverte du fameux récif d'Apo.

Romblon et Sibuyan Island

Romblon

Romblon, qui abrite la capitale de la province, est certainement l'une des plus intéressantes. De petite taille (42 km de circonférence, on en fait le tour en une demi-journée), l'île est calme et offre de belles plages. Ses structures touristiques sont encore en voie de développement, ce qui fait son charme. Son environnement est en harmonie avec son activité principale, l'industrie du marbre, qui emploie 70 % de la population. L'île est encerclée d'eaux opaques et turquoise teintées par la poussière très blanche du marbre. Le marbre est partout : il revêt les sols des offices publics, sert de presse-papiers sur les bureaux administratifs. On le retrouve en bloc, le long des routes, aux abords des ateliers de découpage. Les tailleurs de pierre et les sculpteurs sont concentrés vers Cajimos et Ilauran. Les carrières de l'île sont une matière première inépuisable pour les centaines de sculpteurs. D'autres ressources, comme le nickel et l'or, ne sont pas commercialisées.

■ **BAIE DE ROMBLON**

Elle sert d'abri pour les bateaux lors des intempéries. La baie est très colorée avec toutes les bancas qui parsèment la plage.

MONT BONTOC

C'est le pic le plus élevé de l'île. Pour avoir un aperçu des îles environnantes, on n'est pas obligé de l'escalader. Il suffit de prendre la route pour l'International Telecommunications (ITT), qui s'élève à 600 m d'altitude. La balade est agréable à partir de Lonos, à travers les champs. On peut redescendre directement sur la ville de Romblon. Les militaires s'occupent de cette station météo, surveillent le satellite émetteur et l'énergie solaire. Quand le ciel est dégagé, tôt le matin, on peut observer le volcan Mayon.

LES PLAGES

Elles sont confinées à l'ouest de l'île. Quelques-unes sont aménagées de resorts très tranquilles et pleins de charme, dans un style traditionnel. Les petits hôtels se construisent peu à peu. Les plages les plus fréquentées se trouvent après San Pedro, comme à Ginablan. La plus belle plage de Romblon forme une pointe vers Agnay ; elle est totalement vierge. Bonbon est magnifique avec son sable blanc immaculé. Très peu fréquentée en raison de son isolement, elle se situe en retrait de la route, à environ 3 km du centre-ville (barangay Suwa).

© ARNAUD BONNEFOY

Sibuyan Island

C'est la plus sauvage, la plus montagneuse et encore la moins développée. Les forêts sont luxuriantes. Une île magique qui plaira aux amoureux de la nature. L'activité principale est tournée vers le travail du bois et l'industrie du rotin. Les espèces d'arbres sont nombreuses, comme le narra, le mahogany, le yakal ou l'*iron wood* (bois de fer) appelé « tiga », que l'on ne trouve que sur cette île. Un collège polytechnique dispense des cours dans le cadre des métiers du bois. Le plus haut pic de la province, le mont Guiting-Guiting, s'élève à 2 050 m au cœur de l'île, envahi par une flore variée. Des plantes sont utilisées pour la recherche médicale. Des orchidées bordent le chemin. On y découvre aussi de nouvelles races de rongeurs, des chats-léopards – une espèce en voie d'extinction –, de minuscules chauves-souris.

SITES HISTORIQUES

Les forts de San Andres et Santiago dominent la ville. Ils ont été construits en 1650 pour faire face aux invasions des pirates, des Moros et des Hollandais. La cathédrale Saint-Joseph, presque en face de l'école de Romblon, non loin de la place principale, fut construite au XVe siècle avec des blocs de corail. Son autel est byzantin. Elle abrite une collection d'icônes et de peintures religieuses anciennes.

Palawan

Palawan comprend une population d'environ 460 000 habitants, dont au moins 60 000 appartiennent aux minorités ethniques. Elle se caractérise par de nombreux groupes culturels et tribaux. Palawan reste peu peuplée en raison de son éloignement des autres îles du pays, à l'écart du progrès industriel et des infrastructures touristiques modernes. La flore, très dense, rend compliqué tout projet d'infrastructures routières, même si celles-ci se sont bien améliorées ces dernières années. Le moindre trajet constitue cependant toujours une petite aventure. Voici donc un petit trésor des Philippines que le voyageur peut choisir de visiter en prenant son temps pour s'adapter au rythme de l'île. Aujourd'hui, le nord de l'île devient de plus en plus fréquenté. Les îles de la baie de Taytay, au nord de Puerto Princesa, et surtout les eaux cristallines de l'archipel de Bacuit au large du village d'El Nido sont enchanteresses. Les îles Calamianes, et notamment l'île de Coron, constituent certainement l'un des plus beaux endroits des Philippines. Elles demeurent encore très préservées et représentent l'endroit rêvé pour les amateurs d'aventure et notamment de plongée. On peut aussi visiter Puerto Princesa, la capitale de l'île, avec son allure de bourgade provinciale, son marché au poisson et son village de pêcheurs sur pilotis avec les poissons séchés qui brillent au soleil. Mais c'est avant tout le point de départ pour se rendre à Sabang, pour découvrir la rivière souterraine de Saint-Paul. On visite ce monument naturel en s'enfonçant en petite embarcation dans les calcaires du crétacé, au milieu des chauves-souris et des salanganes. La rivière débouche sur un lagon bleu turquoise, où se mélangent l'eau douce et l'eau salée avant de se jeter, par un étroit chenal, dans la mer de Chine. Le sud de l'île, moins touristique, se termine par un chapelet d'îlots, accessibles par banca depuis la côte. Palawan est bien plus familière des Français depuis que l'édition 2007 du programme télévisé Koh Lanta y a été réalisée.

Puerto Princesa

Puerto Princesa est la capitale de l'île depuis 1872. Elle est située à peu près au milieu de la côte est. Elle compte environ 220 000 habitants et est devenue le fer de lance de l'écotourisme. Cette ville paisible et languide est assez agréable à vivre, malgré la cohorte de tricycles qui l'encombre tout le jour. Il reste quelques édifices coloniaux et on peut faire un tour au bord de l'eau pour voir s'aligner les maisons de pêcheurs sur pilotis. La ville possède quelques magasins d'artisanat et un grand marché. Elle n'a pas de sites historiques particuliers, excepté sa cathédrale qui la domine et qui est au cœur du festival en l'honneur du saint patron local le 8 décembre de chaque année. Ce même jour, les indigènes Tagbanuas de Palawan célèbrent le Pagdiwata, un festival et une action de grâce exprimée par des rituels et offrandes aux dieux. On aura compris que Puerto Princesa est donc avant tout une porte d'entrée pour explorer l'île.

BAIE DE HONDA ET SES ÎLES

Ces îles constituent un lieu de promenade idéal pour la journée. La baie se situe à Santa Lourdes (Tagburos), sur la côte est de Palawan, à 12 km des quais de la capitale, et est constituée de plusieurs îlots près desquels affleurent des récifs bordant de magnifiques plages, lieux de prédilection des nageurs et plongeurs. Ces terres répondent aux noms de Cannon (Cowrie) Island (coquillages) ; Bat Island, habitat des chauves-souris que l'on voit suspendues aux mangroves ; Lu-Li Island, visible seulement à marée basse (dérivé de *lulubog-lilitaw* qui signifie « flottant » et « coulant ») ; Meara Island, île privée paisible ; Starfish Sandbar Resort, connu pour son banc de sable blanc et ses eaux claires peuplées d'étoiles de mer (on peut y camper si l'on dispose de son propre matériel) ; Snake Island et sa longue étendue de sable blanc de la forme d'un serpent ; Pandan Island au sable blanc et ses récifs de coraux ; Senorita Island, lieu d'élevage du poisson lapu-lapu ; Arrecife Island, sable blanc et hôtel de luxe (le Dos Palmas Island Resort & Spa – www dospalmas.com.ph). Des Jeepney et des tricycles effectuent la route Puerto Princesa-Tagburos quotidiennement (30 minutes). Sur le port Santa Lourdes de Tagburos (10 km au nord de Puerto Princesa), des pêcheurs louent leurs bateaux à moteur pour un tour des îles (à partir de 1 000 P selon le nombre d'îlots à visiter). La plus proche est atteinte en 30 minutes. Toutes les agences de voyages de Puerto Princesa organisent également des journées d'excursion dans la baie de Honda : ce n'est pas hors de prix et tout est inclus !

JARDIN DE PAPILLONS

Il permet d'observer une magnifique collection de papillons philippins et de découvrir d'autres créatures comme les mantes religieuses, les scorpions géants et d'autres insectes vivant dans la jungle.

Les perles de Palawan.

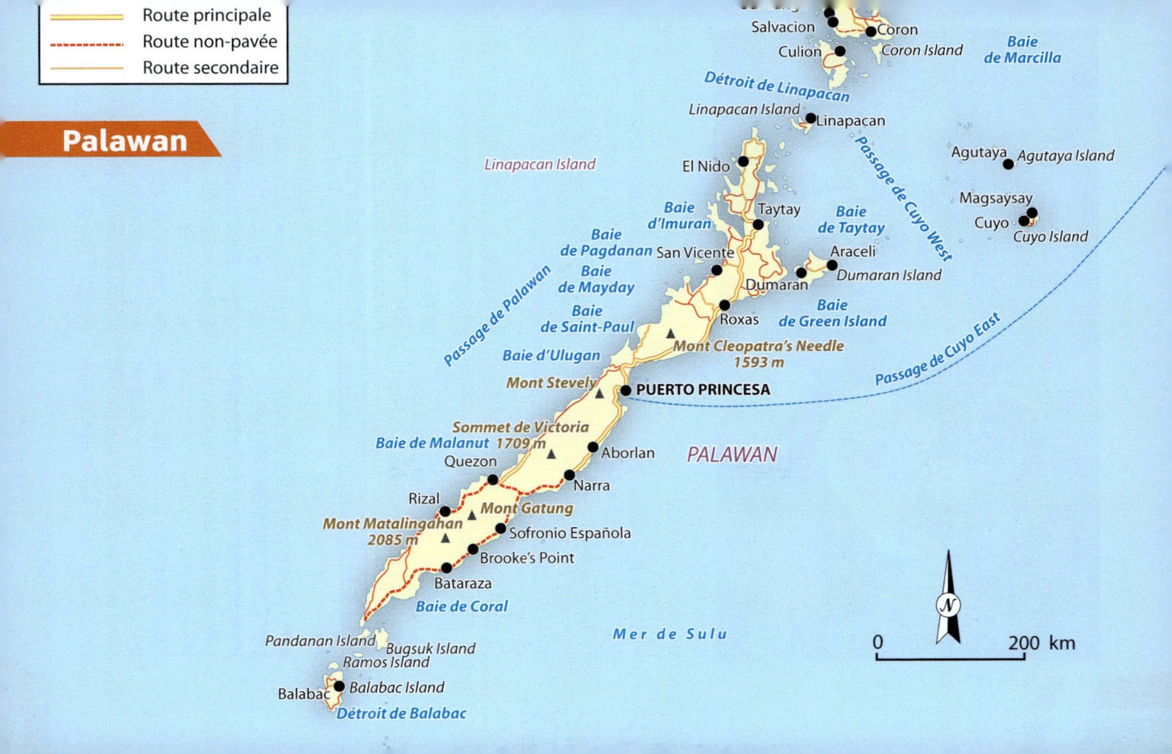
Route principale
Route non-pavée
Route secondaire
Palawan
Salvacion
Coron
Culion
Coron Island
Baie de Marcilla
Détroit de Linapacan
Linapacan Island
Linapacan
Linapacan Island
El Nido
Agutaya
Agutaya Island
Passage de Cuyo West
Magsaysay
Cuyo
Cuyo Island
Taytay
Baie d'Imuran
Baie de Taytay
Baie de Pagdanan
San Vicente
Araceli
Dumaran Island
Dumaran
Baie de Mayday
Passage de Palawan
Roxas
Baie de Green Island
Baie de Saint-Paul
Mont Cleopatra's Needle 1593 m
Baie d'Ulugan
Passage de Cuyo East
Mont Stevely
PUERTO PRINCESA
Sommet de Victoria 1709 m
Baie de Malanut
Aborlan
PALAWAN
Quezon
Narra
Rizal
Mont Gatung
Mont Matalingahan 2085 m
Sofronio Española
Brooke's Point
Bataraza
Baie de Coral
Mer de Sulu
Pandanan Island
Bugsuk Island
Ramos Island
Balabac
Balabac Island
Détroit de Balabac
0
200 km

© ARNAUD BONNEFOY

Plongeur exhibant un bénitier à Palawan.

MUSÉE NATIONAL DE PALAWAN – PALAWAN PUERTO PRINCESA NATIONAL MUSEUM

Il permet de mieux connaître l'histoire, la culture, la musique, les arts et l'artisanat de Palawan. On y trouve également des expositions de collections archéologiques, géologiques, ethnologiques. Vous pourrez y observer des jarres et porcelaines, des outils préhistoriques, des objets découverts dans les grottes de Tabon et des antiquités de l'ère espagnole trouvées près de Cuyo.

PALAWAN WILDLIFE RESCUE AND CONSERVATION CENTER

Il s'agit notamment d'un centre d'élevage de crocodiles créé en 1987 par les Japonais, en accord avec le gouvernement philippin, cela dans le but de protéger les espèces en voie d'extinction comme le crocodile des Philippines. Il abrite également des animaux spécifiques à Palawan, comme le bearcat. Les plus grands spécimens ne sont pas visibles pendant la saison des pluies. On les nourrit les lundis et jeudis après-midi (c'est alors un poil plus excitant). A envisager si vous n'avez vraiment rien d'autre à faire, en ultime recours.

PLAGE DE NAGTABON

Magnifique étendue de sable blanc bordée d'eaux cristallines. Il est possible de visiter à partir de là les îles Hen and Chicken (Nouvelle-Zélande). Les resorts principaux sont ouverts toute l'année ; les repas doivent être commandés à l'avance. Emportez votre lampe torche (il n'y a pas d'électricité). Pour s'y rendre, deux ou trois Jeepney partent normalement de Puerto Princesa pour Nagtabon Beach, mais elles ne sont pas réellement fiables (45 km, une heure de route). Elles partent à 6h ou entre midi et 14h. Cependant, elles peuvent s'arrêter à Bacungan, ce qui oblige les visiteurs à marcher 8 km. Après avoir traversé des rivières et effectué un peu d'escalade à partir de Bacungan, on finit par apercevoir Nagtabon.

■ WHITE BEACH

On peut la rejoindre en tricycle en cinq minutes du centre de la ville. Des tables et des bancs sont installés pour pique-niquer. C'est une superbe plage de sable fin, idéale pour la baignade ou le snorkeling. D'autres plages favorables à la baignade, aménagées pour le pique-nique et possédant des logements, se situent à une quinzaine de minutes de Puerto Princesa : Aventura Beach, Garcelleno Beach, Nasin-Aw White Beach et Silica Beach, Vista Luz Beach, Parola Beach (à seulement cinq minutes du centre-ville) et BM Beach.

Sabang

Les voyageurs quittent rapidement Puerto Princesa pour se rendre à Sabang et découvrir la fameuse rivière souterraine du parc national. Sabang est un petit village en bord de mer, situé à 77 km de Puerto Princesa. Le paysage montagneux est magnifique. C'est le point de départ pour visiter la spectaculaire rivière souterraine (anciennement appelée rivière Saint-Paul), longue de 8,2 km au sein du parc national (Puerto Princesa Subterranean River National Park). Créé le 26 mars 1997, le parc couvre 5 753 ha de terres et 292 ha de fonds marins. Son point culminant, le mont Saint-Paul, est estimé à 1 028 m au-dessus du niveau de la mer. Ce parc national abrite une forêt tropicale où l'on peut découvrir une grande variété d'arbres et d'animaux. On peut observer les nombreux oiseaux multicolores (sur les dix-sept espèces qui peuplent Palawan, plus de la moitié vit dans ce parc), les macaques (le seul singe philippin omnivore), les écureuils et les varans pouvant atteindre 1,50 m, appelés lézards monitor, qui nettoient la forêt et qui se nourrissent de fruits et d'insectes. Au sein de ce site protégé se trouve la rivière souterraine qui peut être parcourue grâce à des petits bateaux à pagaies. Creusée dans la montagne, elle est constituée de cavernes et est hérissée de stalagmites et de stalactites aux formes diverses. En se laissant entraîner au fil de l'eau dans ce tunnel, on a une petite impression de voyage au centre de la terre : c'est très impressionnant !

Plage de Sabang à Palawan.

MONKEY ET JUNGLE TRAILS

De Sabang, il existe deux sentiers de randonnée pour ceux qui souhaitent se rendre à pied à l'entrée de la rivière. On y parvient en longeant la plage de Sabang après le Daluyong et chez Mary's (un hébergement peu conseillé en raison de sa vétusté aujourd'hui). Le Monkey Trail (long de 5,2 km) est de loin le sentier le plus agréable : il longe de très belles plages désertes, on peut voir des singes, des lézards moniteurs et des écureuils avec un peu de chance ! Compter entre une heure et demie et deux heures et demie selon son rythme, quelques passages étant parfois pentus ou plus délicats. A noter qu'il faut passer une rivière au début du circuit, un typhon ayant emporté le pont : en saison des pluies, l'eau peut vous arriver aux épaules ! Mieux vaut demander aux gens qui organisent les tours dans la mangrove de vous faire traverser sur leur bateau moyennant 10 P par personne. Le Jungle Trail fait découvrir la forêt, mais il est beaucoup moins bien entretenu et globalement moins plaisant. Pour les plus sportifs, on peut choisir d'emprunter l'un des sentiers à l'aller et le second au retour. Il faut suivre les panneaux en partant du port de Sabang (partir vers la droite du port si l'on fait face à la mer). Les deux sentiers se séparent sur la route, après avoir passé le check point du parc. Il est interdit de s'engager sur les sentiers après 15h. On peut aussi choisir de prendre le bateau à l'aller et rentrer à pied ou inversement. Dans tous les cas, il convient de payer le droit d'entrée au bureau du quai de Sabang avant d'entamer la marche.

RIVIÈRE SOUTERRAINE

Après avoir été déposé par le bateau à l'entrée, on se voit remettre un gilet

© ARNAUD BONNEFOY

Entrée dans la rivière souterraine de Sabang.

de sauvetage et un casque. Un guide emmène alors les visiteurs sur une petite embarcation, ce qui est compris dans le permis acheté au bureau du tourisme (pour rappel, 200 P par personne). La balade sur la rivière dure moins d'une heure aller-retour. Armé d'une lampe torche reliée à une batterie, le conducteur pagaye à l'arrière de la petite embarcation et plaisante au sujet des formes, suggestives ou non, des stalagmites et stalactites. C'est une visite rigolote mais pas forcément instructive. Essayez de faire durer le plaisir en demandant des arrêts ou en posant des questions, car les conducteurs semblent parfois pressés. Les visites dans la grotte ont normalement lieu de 8h à midi et de 13h à 16h, mais les boatmen peuvent partir en début d'après-midi. Il vaut donc mieux arriver à l'embouchure de la rivière avant 13h. Lorsqu'il pleut, les eaux deviennent troubles, voire boueuses, et la visite est alors nettement moins agréable. Pour les passionnés, il est recommandé de solliciter au préalable une visite approfondie de la rivière.

■ TOUR DANS LA MANGROVE

En suivant les panneaux pour accéder aux sentiers de randonnée du Monkey Trail, après le Daluyon, on traverse la rivière Poyuy Poyuy, au départ de laquelle il est possible d'aller visiter en canot la mangrove avec un guide du parc. Il y a une petite guérite au bord de la rivière où l'on peut s'adresser au personnel du parc pour avoir des informations. Compter 45 minutes de navigation de préférence au petit matin (pas plus tard que 9h) pour observer le plus d'oiseaux. N'oubliez pas votre lotion anti-moustiques.

San Rafael

San Rafael, minuscule village côtier au nord-est de Puerto Princesa, est surtout connu pour être le point de départ de longues randonnées, notamment vers l'ouest de Palawan, jusqu'à Sabang, le parc national de Saint-Paul et sa rivière souterraine. Forêts tropicales luxuriantes, vie sauvage préservée sont les facettes intéressantes de ce trek exigeant. On traverse une grande variété de magnifiques paysages. Les sources froides et les ruisseaux en cascades abondent.

Port Barton

La petite commune de Port Barton, charmante, est située à 155 km au nord-ouest de la capitale et nichée dans la pittoresque baie de Pagdanan. La plage est belle, bordée par quelques hôtels aux tarifs abordables. Port Barton est aussi le point de départ pour les multiples petites îles environnantes, idéales pour la plongée sous-marine (tuba et bouteilles). Pour les visiter, on peut louer un bateau à moteur à Port Barton (de 800 à 1 200 P par jour). Il est possible de louer des équipements de plongée ou de snorkeling pour s'extasier devant les coraux multicolores. C'est un endroit assez peu touristique où quelques privilégiés amoureux du calme et de la tranquillité viennent se réfugier.

CHUTES D'EAU DE PAMOAYAN

Port Barton est entouré de plusieurs chutes d'eau, notamment celle de Pamoayan. L'accès à cette dernière nécessite une heure et demie de marche vers le nord de Port Barton (vous pouvez demander à un des villageois de vous servir de guide) ; sinon, suivez le chemin qui tourne à droite (lorsque vous êtes arrivé à la moitié de votre parcours) et qui mène à une rivière qu'il vous faut longer pour atteindre les deux cascades.

Cacnipa Island

De nombreuses îles sur Palawan sont propices à la plongée ou au snorkeling, notamment l'île de Cacnipa, située entre Caruray et Port Barton, à environ 60 km au nord de Puerto Princesa et 15 km de Port Barton.

Roxas et Coco Loco Island

Roxas est un village tranquille situé à 142 km de Puerto Princesa, sur la côte est de Palawan, qui s'ouvre sur une baie que parsèment plusieurs îlots, dont Green Island et ses algues, Stanlake Island, qui renferme le sanctuaire d'oiseaux de Tabon, et la superbe Coco Loco, entourée d'un récif corallien. L'île de Pandan, plus connue sous le nom de Coco Loco, en face de Roxas, n'est guère mentionnée sur les cartes. Isolée au milieu des eaux turquoise, elle est idéale pour la baignade, la plongée et le snorkeling sur le récif Constancia. Le sable de cette plage très tranquille est blanc et fin. La détente est assurée.

Taytay

Taytay (environ 65 000 habitants) fut la première capitale de Palawan et se situe à 215 km au nord de Puerto Princesa, sur le détroit de Malampaya, connu comme l'aquarium des Philippines. Peu de voyageurs font l'effort de s'y arrêter. Pourtant, elle jouit d'un site magnifique, de superbes excursions alentour et de plages aussi merveilleuses que méconnues. Nul doute que dans quelques années l'offre hôtelière et gastronomique va se développer. Alors, ne faites pas comme tout le monde : venez-y avant le grand rush !

Pabellones Islands

Ce groupe de trois îlots se caractérise par ses falaises et ses grottes. Il est accessible de Taytay par banca et nécessite une heure de trajet.

Elefante Island

Elle possède un lagon idéal pour le snorkelling.

Pabellon Island

Aux abords peu accueillants de calcite poreux, elle renferme des cavernes aménagées qui réservent des baignades très privées.

Apulit Island

Réserve de flore et de faune tropicales, c'est un refuge idyllique, tranquille et serein. Des orchidés sauvages et colorés poussent le long des falaises. Le dugong, également connu sous l'appellation de « vache des mers », vient de temps à autre faire quelques révérences autour de l'île. Apulit possède notamment une jolie plage de 350 m sur sa côte ouest, Puesto del Sol.

Flower Island

D'autres îles un peu plus éloignées de Taytay constituent tout autant de petits paradis. Ainsi, sur Flower Island, le sable blond immaculé est entouré de récifs coralliens intacts et d'une eau translucide. Elle se trouve à 3 heures de banca au nord-est de Taytay.

El Nido

El Nido est un petit village connu pour être le point de départ vers l'archipel de Bacuit. Situé à 238 km au nord de Puerto Princesa, El Nido vient du nom des nids d'hirondelles (les salanganes) que l'on trouve dans les excavations des falaises calcaires – « nid » se traduisant par *nido* en espagnol. Ces nids, denrée prisée, peuvent se vendre jusqu'à 3 000 $ le kilogramme en Asie, et en Chine plus particulièrement. El Nido regroupe en fait dix-huit petits villages de paysans et de pêcheurs. Ce site d'une beauté à couper le souffle a pris un certain essor touristique ces dernières années (notamment auprès d'une clientèle française qui en a découvert les charmes avec l'émission *Koh Lanta* en 2007). Malgré tout, El Nido, classé réserve naturelle depuis 1992, a su préserver ses richesses naturelles. Certes, il n'y a presque plus de plage (les hôtels et restaurants l'ont un peu squattée), mais on continue toutefois à apprécier les couchers de soleil sans équivalents (on observe les plus beaux en mai et juin sur la plage de Corong Corong), tout en sirotant un cocktail attablé à l'un des petits restaurants du bord de mer. Ce village est constitué de quelques rues : on peut tout y faire à pied. Il y règne une certaine douceur de vivre, surtout à la basse saison. Et que dire des paysages de Bacuit ou de la pointe nord de Palawan ? Magnifique, tout simplement. Une étape à El Nido est un incontournable de tout voyage à Palawan, peut-être même aux Philippines.

Plage d'El Nido.

ILLE CAVE

Des ossements, dont l'âge est estimé à 8 000 ans, y ont été découverts par des archéologues. La grotte d'Ille est ouverte au public. Il est conseillé de s'y rendre accompagné d'un guide qui connaît les lieux. N'oubliez pas votre lampe de poche.

PLAGE DE CORONG CORONG

C'est une longue plage de sable blanc facilement accessible, à 1 km au sud du centre en direction de Taytay et Puerto Princesa (compte 10 P par personne en tricycle). Les couchers de soleil y sont magnifiques. Aujourd'hui, les hôtels sont en train d'y pousser comme des champignons.

L'archipel de Bacuit

On accède à ce petit paradis par le petit village d'El Nido. Lieu d'une incroyable beauté naturelle, cet archipel renferme d'imposantes falaises calcaires et karstiques. Les paysages font penser à Krabi, la baie de Phang Nga et Koh Phi Phi en Thaïlande, avec plus de majesté encore et la foule en moins ! On se laisse glisser en banca entre quarante-cinq îles et îlets entourés d'une immensité d'eau qui va du turquoise au bleu profond. Ces îles dont les falaises sont parfois impressionnantes abritent d'incroyables lagons, des petites forêts tropicales, des grottes et une abondante vie sous-marine qui invite au snorkeling, et la beauté des plages et petites criques est renversante. Des milliers d'hirondelles de mer (les salanganes) logent dans les cavités des falaises ; leurs nids constituent le principal ingrédient d'une soupe fameuse, un mets chinois raffiné.

CADLAO ISLAND

C'est la plus grande et la plus haute île de l'archipel de Bacuit, avec un pic atteignant 600 m. Elle cache en son sein un lagon derrière sa végétation

Case typique de Calitang, nord de Palawan.

luxuriante ; c'est un lieu connu pour le snorkeling. Un confetti qui ressemble au paradis.

DILUMACAD ISLAND

Vue du ciel, elle ressemble à une louche ; elle est une des escales agréables pendant la navigation entre les îles de l'archipel. C'est aussi un spot prisé des plongeurs.

ENTALULA ISLAND

Elle est appelée « l'île de la romance » pour sa plage parfaite, ses levers de soleil idylliques et sa vie marine colorée le long du récif corallien.

LAGEN ISLAND

Sa riche forêt et sa vue splendide sur les couchers de soleil d'El Nido la caractérisent. L'île de Lagen abrite un sentier qui mène d'un côté à l'autre de l'île : on peut y observer des varans, des macaques et des serpents ! C'est aussi une île où se posent de majestueux calaos.

MALAPACAO ISLAND

Elle est considérée comme un véritable paradis. Deux immenses rochers montent la garde de chaque côté de l'île, couronnée de palmiers et de plantes tropicales qui ornent une belle plage.

MATINLOC ISLAND OU ÎLE DE LA DÉESSE (GODDESS ISLAND)

Elle possède de nombreuses petites baies le long de sa côte bordée de coraux, notamment la baie de Calmung, à l'est. Il y a tout le long de la côte de bons spots pour le snorkeling. On peut aussi s'aventurer sur Secret Beach, plage à laquelle on accède

© ARNAUD BONNEFOY

Archipel de Bacuit.

uniquement à la nage en passant par un trou dans la falaise : bien faire attention à la montée des eaux.

MINILOC ISLAND

Sa côte profondément dentelée mène à de remarquables lagons intérieurs, souvent accessibles uniquement en bateau. On accède au fameux Small Lagoon uniquement à la nage ou en kayak. On est alors entouré de falaises parsemées de végétation tout en évoluant dans des eaux aux couleurs presque artificielles. L'entrée au Big Lagoon est très impressionnante : les eaux y étant très peu profondes, une fois à l'intérieur, la profondeur donne cette fois une couleur vert profond à ce cercle presque parfait entouré de falaises. Cette île est un incontournable.

© ARNAUD BONNEFOY

Plage de l'archipel des Calamianes près de Busuanga.

PANGULASIAN ISLAND

Cette belle île propose au visiteur une courte balade pour atteindre un beau point de vue. On peut y observer des oiseaux de préférence tôt le matin ou en fin de journée. La plage est idéale pour les bains de soleil et c'est une zone propice au snorkeling.

PINAGBUYUTAN ISLAND

Ses jardins coralliens comptent parmi les plus beaux des environs de Palawan et en font une des destinations privilégiées des plongeurs. Dans la mystérieuse grotte du Palace de Neptune à l'ouest de l'île, stalagmites et stalactites côtoient d'autres formations étranges.

PINASIL ISLAND

La principale caractéristique de cette île en forme de champignon réside dans sa grotte, qui se transforme en cathédrale et s'illumine parfois à travers sa nef percée.

TAPIUTAN ISLAND

Elle présente une plage bien située près d'un récif propice au snorkeling. Au nord-ouest de l'île se trouve la pittoresque baie de Binangculan, avec sa plage bordée de verdure. C'est l'un des meilleurs sites de plongée autour d'El Nido. Les tortues et les barracudas s'y montrent souvent.

Calamianes Islands

Ce petit archipel ancré à la pointe nord de Palawan se compose de quatre îles principales – Busuanga, Coron, Culion et Calauit – auxquelles s'ajoutent quatre-vingt-dix îlots. La seule ville est Coron sur la côte est de Busuanga (et pas sur l'île de Coron comme on pourrait s'y attendre), un gros bourg de 35 000 habitants où se mêlent indigènes tagbanwas, cuyonens et de nombreux colons venus d'autres îles des Philippines. Ces îles possèdent probablement la vie marine et corallienne la plus diversifiée de Palawan, ainsi que de larges mangroves. Busuanga est la plus grande des îles Calamianes ; l'île de Coron est célèbre pour ses lacs intérieurs ; quant à l'île de Calauit, elle renferme une réserve d'animaux sauvages. Ce groupe d'îles encore à l'abri du tourisme de masse (plus pour longtemps : depuis que la piste de l'aéroport a été rallongée, il y a de plus en plus de vols depuis Manille) est surtout le paradis des plongeurs, et notamment des amateurs de plongée sur épaves, qui sont ici parmi les plus courues au monde : pas moins de douze bateaux de guerre japonais ont été coulés durant la Seconde Guerre mondiale ! Aventuriers, c'est ici qu'il faut venir poser son sac à dos pour profiter d'une nature vierge et d'activités sportives dans un cadre de rêve. Les Calamianes sont le trésor caché des Philippines, une destination de prédilection pour l'écotourisme.

Busuanga Island

L'île de Busuanga est le centre économique du groupe des Calamianes. Elle renferme le ranch Yulo qui rassemble sur plus de 40 000 ha, dit-on, le plus important cheptel bovin d'Asie ; il appartenait au commandant Marcos avant de devenir la propriété du gouvernement philippin. Pêche, agriculture et artisanat sont les principales activités des îliens. C'est de la ville de Coron que les départs s'organisent pour certains sites de plongée extrêmement remarquables, dont les épaves japonaises coulées en 1944 sous les attaques des forces américaines. C'est une petite ville assez calme qui compte quelques hôtels. Depuis la réhabilitation de l'aéroport, le nombre de vols en provenance de Manille s'est multiplié. De nombreux projets hôteliers existent et Coron devrait arborer un tout autre visage d'ici à cinq ans. Les plus téméraires peuvent choisir de découvrir l'île à moto. L'intérieur de l'île notamment est époustouflant et complètement désert. On traverse d'immenses étendues où paissent les bovins ; en fin de journée, des nappes de brume auréolent les montagnes de mystère. Une belle escapade loin de tout.

PLONGÉE SUR ÉPAVES

Cette petite ville est surtout connue pour être la porte d'entrée vers les nombreuses épaves sous-marines. En effet, douze navires japonais y ont été coulés durant la Seconde Guerre mondiale. On peut en découvrir huit, entre 10 et 45 m de fond. Certains atteignent 160 m de longueur et sont parfaitement conservés (comme l'épave *Irako*), ou abritent de superbes coraux et une abondante vie aquatique (épaves *Okikawa Maru*, *Akitsushima*, *Kogyo Maru* ou *Olympia Maru*). Les débutants peuvent plonger autour du *Lusong* (9 m) et de l'*East Tanbgat* (22 m de profondeur).

© ARNAUD BONNEFOY

Mangrove à Coron City, Busuanga.

Coron Island

Coron est certainement une des plus belles îles des Philippines. Située à une vingtaine de minutes en bateau de la ville de Coron, cette île offre un paysage rocheux et montagneux très particulier. C'est ici que vivent toujours des indigènes Tagbanuas, qui ont obtenu du gouvernement des Philippines d'administrer l'île, terre sacrée pour eux ; les touristes ne sont d'ailleurs autorisés que sur certaines parties de l'île. L'île de Coron cache en son sein des lacs intérieurs aux eaux émeraude, une vraie merveille. Les touristes peuvent accéder à deux de ces lacs : Kayangan (d'après la rumeur générale, le plus pur des Philippines) et Barracuda. La baignade à Kayangan est mémorable : on est entouré de falaises colonisées par la végétation tout en évoluant dans une eau émeraude. Au lac Barracuda, il paraît qu'on peut y voir des barracudas justement, mais ce n'est pas toujours le cas. On peut aussi y plonger, et il est curieux de voir les différences de température entre des couches d'eau très froides et très chaudes ; l'eau est très trouble. Le long de la côte se succèdent de magnifiques petites plages qui invitent au farniente. S'arrêter à Banol Beach pour pique-niquer peut être une bonne idée.

Dimakya Island

Au nord de Busuanga, l'île est entourée d'un superbe récif corallien et possède une belle plage de sable blanc qui contraste avec les eaux turquoise et cristallines.

Sangat Island

Cette île, dotée d'une plage d'un sable éblouissant et d'une belle mangrove, est un havre de paix. A 4 km au sud de Busuanga, petite réserve animalière, on peut y rencontrer des singes et de nombreux varans.

Calauit Island

Calauit, petite île sanctuaire, est située à l'extrême nord de Busuanga. Son parc national, du nom de Calauit Island Wildlife Sanctuary, abrite une réserve sauvage couvrant 3 700 ha. Ce safari à l'africaine a été créé en 1976 selon la volonté du commandant Marcos (mégalomanie ou réel souci de préservation de la nature, on ne saura jamais). Au départ, huit espèces d'animaux ont été importées d'Afrique : girafes, impalas, zèbres, gazelles, buffles d'eau, tupi, antilopes et boucs. Deux espèces n'ont pas survécu : les gazelles et les tupi (certains disent qu'il reste des gazelles). Depuis quelques années, les autres vivent un peu au petit bonheur la chance. Le directeur du parc, passionné, se fera un plaisir de vous expliquer la naissance et l'évolution de la réserve. Celle-ci regroupe aujourd'hui six cents animaux sauvages originaires du Kenya, qui vivent en harmonie avec quelques animaux philippins comme le chat-ours, la souris-cerf, le faisan peacock, le cerf calamian ou le crocodile philippin. Certains animaux, comme les crocodiles, ne sont pas visibles à la saison des pluies, faute de chemin praticable. Calauit abrite également une réserve marine, refuge des tortues de mer et de bénitiers géants. Les récifs entourant l'île sont intacts et spectaculaires.

Cuyo Islands

Dans la partie nord de la mer de Sulu, à bonne distance des plus grandes îles de Palawan quoique appartenant toujours à la région, quarante îles forment, au sud, l'ensemble des îles Cuyo et, au nord, celui des îles Quiniluban. Il y a d'excellents sites de snorkeling sur les récifs autour des îles de Manamoc et de Pamalican. L'ancienne ville de Cuyo, avec son église-forteresse, a su préserver son héritage culturel hispanique. Pamalican est une île privée. Elle est dotée d'un luxueux hôtel balnéaire, réservé à quelques privilégiés, le Amanpulo Resort (www.amanresorts.com). Sept kilomètres carrés de récifs coralliens l'entourent, faisant apparaître un lagon sur plus de la moitié de l'île. Les fonds marins de l'île et ses alentours constituent une réserve protégée, interdisant toute pêche et jetée d'ancre.

Quezon

Quezon est un petit village de pêcheurs, situé sur la baie de Lalanut, au sud-ouest de Puerto Princesa. Il permet au visiteur de découvrir ou de redécouvrir la préhistoire en se rendant à la grotte de Tabon. Autour de celle-ci, plus de deux cents grottes, dont vingt-neuf seulement ont déjà été explorées.

Le dugong

Le nom de ce mammifère vient d'un mot javanais, duyong signifiant « cochon de la mer ». Cet herbivore était une espèce encore assez commune de par le monde jusque dans les années 1970. C'est le seul mammifère herbivore connu au monde. Il se nourrit des algues qui tapissent le fond des océans. Comme ces algues contiennent peu de nutriments, les dugongs ont besoin d'en manger une quantité énorme : ils passent donc la plus grande partie de leur temps à se nourrir. Ils peuvent vivre jusqu'à 70 ans, atteindre 4 m de longueur et peser 400 kg. On surnomme cet animal léthargique la « vache des mers » ! Il se rapproche rarement des terres et ne fait surface que pour respirer. Il a beaucoup été chassé pour sa peau et sa chair considérée comme excellente. Le développement des infrastructures sur les côtes, la pollution et la pêche à la dynamite, notamment, ont détruit beaucoup des sources de nourriture du dugong. Les femelles dugongs ne donnant naissance qu'à un seul petit dans une vie et à aucun si la nourriture vient à manquer, cela explique la raréfaction de l'espèce. En voie d'extinction, ce fut la première espèce animale marine à être déclarée protégée en 1992. On ne trouve désormais plus de dugongs qu'à Palawan et au sud de Mindanao. Des programmes gouvernementaux ont été mis en place pour protéger l'espèce du commerce qui en était fait et tenter de préserver un environnement favorable à la reproduction de l'espèce.

Jeune femme de la maison de marabout.

CHUTES DE TUMARBON

De la plage de Tabon, à 4 km au nord de Quezon, compter une heure de marche pour se rendre aux chutes de Tumarbon. Il faut se munir de chaussures de marche pour remonter la rivière. La balade en bateau, sur la rivière, est magnifique à travers la luxuriante jungle (500 P environ). Il faut 45 minutes pour rejoindre l'embouchure de la rivière, puis encore 30 minutes pour atteindre les chutes.

GROTTES DE TABON

Tabon réunit deux cents grottes, et seulement vingt-neuf d'entre elles ont déjà été explorées. Cela permet au visiteur de mieux connaître la préhistoire grâce à ces fameuses grottes vieilles de plus de 50 000 ans. Elles abritent des fossiles, des outils rudimentaires et autres vestiges appartenant aux premiers habitants des Philippines. L'entrée principale, qui se trouve à la pointe Lipuun, mesure 18 m de hauteur et 16 m de largeur. De là, la vue sur la plage de sable blanc est superbe. Un chemin mène à la caverne de Tabon, avec un dôme aux dimensions imposantes (90 m de profondeur), qui est l'une des plus anciennes habitations d'Asie. Pour s'y rendre, faites un tour au musée national de Tabon, juste avant d'arriver à Quezon. Il est ouvert en semaine de 8h à 12h et de 13h à 17h, l'entrée est gratuite. Là, vous pourrez organiser une excursion aux grottes pour environ 800 P. Il faut compter une petite demi-heure de bateau et quelques minutes supplémentaires de marche.

Tubbataha Reef

Le commandant Cousteau disait qu'il s'agissait de l'un des plus beaux endroits qu'il ait vu. Tubbataha Reef se trouve à environ 180 km de Puerto Princesa dans la mer de Sulu. C'est un parc marin classé par l'Unesco. Le site n'est accessible qu'en croisière. Le plongeur amateur d'épaves sera satisfait, tout comme celui qui aime les tombants, mais il y a de nombreux sites pour tous les goûts. On y verra d'innombrables espèces de coraux, de poissons, de requins, mais aussi parfois des dugongs et des baleines. Cependant, la plupart des plongées débutent à 30 m et certaines sont assez techniques, c'est pour ces raisons qu'il faut juger d'une certaine expérience avant de s'y rendre. Tubbataha Reef et son voisin Basterra Reef ne sont accessibles qu'en été, c'est-à-dire de février à mi-juin. On trouve cependant quelques bateaux y allant dès le mois d'octobre, mais à cette période, la visibilité n'est pas très bonne et la mer peut être mauvaise.

Les Visayas

L'archipel des Visayas, au centre des Philippines, est formé de centaines d'îles dont les six plus grandes sont Negros, Panay, Cebu, Bohol, Samar et Leyte. C'est dans ce petit paradis de plages de carte postale que s'est principalement développé le tourisme aux Philippines. Des centaines de kilomètres de littoraux léchés par une mer turquoise, pris d'assaut par de luxueux resorts, de charmantes guesthouses ou complètement sauvages. Cebu en est le centre névralgique. Sorte de hub pour accéder à la plupart des îles alentour, l'île a perdu de sa beauté et de sa douceur de vivre depuis que les charters de touristes asiatiques se posent par milliers chaque année. Un des atouts de l'archipel est la grande diversité qu'il propose aux voyageurs. Que ceux-ci soient en quête de calme et veuillent se retirer du monde, qu'ils souhaitent découvrir parmi les plus beaux fonds sous-marins d'Asie ou faire la fête toutes les nuits, les Visayas abritent une ou plusieurs îles qui peuvent combler chacun d'eux. Il est en outre possible de passer d'île en île facilement grâce aux nombreuses liaisons des ferries ou de petites embarcations de fortune telles les traditionnelles bancas ; de fréquentes liaisons aériennes relient également Manille aux villes les plus importantes. Quantité de bus desservent jusqu'aux sites les plus reculés. Il est donc assez aisé de sillonner chacune des îles et autres confettis éparpillés sur ces eaux cristallines, bien qu'il soit parfois utile de s'armer de patience. Le plus simple est encore de se calquer sur le rythme de la population, de se laisser bercer par la musique omniprésente et le cebuano, dialecte des habitants de l'archipel, second dialecte pratiqué après le tagalog.

Rochers calcaires dans l'archipel des Visayas.

Les Visayas

ORIENTAL MINDORO
Baie de Punduracan
Île de Semirara
Île de Caluya
Île de Boracay
Île de Sibay
Canal de Jintololo
Kalibo
Baie de Pandan
Île de Maniguin
Roxas
Île de Batbatan
AKLAN
Jamindan
Île de Mararison
Mt. Madja-as
CAPIZ
Mt. Nangtud
Passi
ILOILO
Mt. Balabag
Valderrama
ANTIQUE
Victorias
Silay
Mt. Silay
Talisay
San Jose de Buenavita
Iloilo
Bacolod
Jordan
Détroit de
Murcia
GUIMARAS
Bago
Île de Guimaras
Sibunag
La Carlota
Canlaon
Île d'Inampulugan
WESTERN VISAYAS
Isabela
Golfe de Panay
Himamaylan
Kabankalan
Candoni
Mt. Malapanto
Sipalay
Mabinay
Bais
NEGROS ORIENTAL
Tanjay
Bayawan (Tulong)
Mt. Talinis

SORSOGON
Baie de Bantayan
Laoang
Baie de Mapanas
EASTERN VISAYAS
Détroit de San Bernardino
Catarman
NORTHERN SAMAR
Île de Capul
Baie de Gamay
Lope de Vega
Mt. Capotoan
Mer de Samar
Mt. Saraug
Maslog
San Polcarpio
MASBATE
Calbayog
Baie d'Oras
Île de Tagapul-an
San Jose de Buan
SAMAR
(WESTERN SAMAR)
Île d'Almagro
Taft
Baie de Sulat
Île de Santo Niño
Île de Maripipi
BILIRAN
Catbalogan
Culaba
Île de Daram
Île de Buod
Borongan
Naval
Villareal
Mt. Sohoton
Détroit de Biliran
Mer de Visayan
Île de Malapascua
Babatngon
Île de Guitacan
EASTERN SAMAR
Baie de Matarinao
Bantayan
Tacloban
Daanbantayan
LEYTE
Palo
Baie de Bago
Palompon
Mt. Lobi
Guiuan
Bogo
Ormoc
Golfe de Leyte
lante
Tabuelan
Baie de Tupong
Baie de Casogoran
Baie d'Escalante
Baie d'Ormoc
bosa
Îles Camotes
Île de Ponson
Île de Hormonhon
Tuburan
Baybay
CEBU
Détroit de Surigao
Danao
Mer des Camotes
SOUTHERN LEYTE
Mt. Manunggal
Toledo
CENTRAL VISAYAS
Mandaue
Bato
Bontoc
Hinunganan
Lapu-Lapu
Talisay
Baie de Sogod
Baie de Cabalian
Naga
Canal de Canigao
Maasin
Carcar
Liloan
Cebu
Détroit de Bohol
Île de Bohol
Baie de Cabulao
San Ricardo
uete
Baie de Cogtong
BOHOL
Tagbilaran
Baie de Guindulman
Île de Panglao
Mer de Bohol
Île de Siquijor
or
Baie de Maria
QUIJOR
0
40 km
MINDANAO

Fabrication de guitare.

Île de Cebu

Cebu, où débarqua (et périt) Magellan en 1521, est l'île la plus densément peuplée des Philippines : elle compte deux millions et demi d'habitants. Cebu s'étire sur environ 200 km, mais sa largeur ne dépasse pas 40 km. Une chaîne de montagnes traverse l'île du nord au sud, de Santander, à l'extrême sud, jusqu'à Bogo, au nord. Le mont Manunggal est le plus haut sommet de l'île : il s'élève à environ 1 000 m d'altitude. L'intérieur de l'île est peu visité. Cebu a connu une importante déforestation sous la pression démographique et le développement de la culture du maïs et surtout des plantations de canne à sucre, mais des programmes de reforestation sont en cours, notamment dans le sud. Au nord, l'île est envahie par les champs de canne à sucre.

Cebu City

La ville de Cebu, située à l'est de l'île, sur le détroit de Bohol, est peuplée d'environ 800 000 habitants. C'est la plus ancienne ville des Philippines ; elle fut la première capitale des Espagnols en 1565. Deuxième ville du pays, capitale de la province, centre économique des Visayas, Cebu est surnommée « la Reine du Sud ». Cette grande ville portuaire est le centre d'un trafic maritime national et international intense.

La musique au cœur du quotidien

La musique a toujours rythmé le quotidien des Philippins qui fredonnent jour et nuit. L'amour des chansons et de la musique est personnifié à Cebu, une ville au cœur de l'industrie musicale. Dans le district de Maribago, à Lapu Lapu, la visite des fabriques de guitares s'impose. Des petits ateliers fabriquent des instruments de musique à cordes (en majorité des guitares), dont l'excellente qualité est de renommée internationale. Les matériaux proviennent de Mindanao. On peut assister à la fabrication de guitares, d'ukulélés, de banjos, de mandolines, etc. C'est certainement le meilleur endroit pour investir à bon prix. Quelques magasins spécialisés : Lilang's Guitar (Pajo, Lapu Lapu City), Susing's Guitar (Maribago, Lapu Lapu City) et en particulier Alegre Guitars.

CASA GORORDO MUSEUM

Cette demeure construite en 1850 et ayant appartenu à la famille Gorordo témoigne du mode de vie de cette famille aisée au XIXe siècle. Il existe peu de témoignages du passé à Cebu car les destructions ont été nombreuses ; il est donc appréciable de pouvoir déambuler au milieu du mobilier, des peintures et de la porcelaine d'époque. On peut boire un café au frais dans la cour intérieure.

CROIX DE MAGELLAN

En face de l'hôtel de ville. Célèbre, elle fut plantée par Magellan, le 4 avril 1521, pour marquer l'endroit où les premiers Philippins chrétiens, Rajah Humabon et la reine Juana, furent baptisés par Fr. Pedro Valderama. Quelque quatre cents de leurs descendants ont suivi la même voie. La croix est protégée par une basilique datant de 1737, la première église chrétienne des Philippines. Toutes les Jeepney Southern, direction Banawa, Guadalupe, Basak, Labangon, Pardo, etc., mènent à l'église de Santo Niño et à la croix de Magellan.

FORT SAN PEDRO

Le plus ancien du pays, avec ses pierres triangulaires, est aussi le plus petit avec des murs n'excédant pas 6 m de hauteur et une épaisseur de 2,50 m. Situé dans les environs du port, il fut construit en 1565 (puis reconstruit en 1738) par Miguel López de Legazpi pour répondre aux attaques moros et aux révoltes indigènes. Il est converti en collège sous le régime américain, au moment où les Cebuanos reçoivent une éducation classique. Durant la Seconde Guerre mondiale, il servit de fortifications aux soldats japonais. Le fort a conservé intacts ses canons datant du XVe siècle. Idéal pour un moment de détente lors d'une visite du centre de Cebu.

ÉGLISE DE SANTO NINO (BASILICA MINORE DEL SANTO NIÑO)

Superbe, à côté de la croix de Magellan, dans le centre-ville de Cebu. La structure actuelle fut construite en 1602, trente-quatre ans après avoir été ravagée par le feu. Sa structure originelle (datant de 1565) était en bois. La basilique abrite la relique du Santo Niño, le plus ancien trésor chrétien des Philippines, offert par Magellan en 1521 à la reine Juana pour son baptême. Les Philippins font la queue pour venir rendre hommage à cette statue (c'est la cohue les dimanches et lors du festival Sinulog). En 1965, le pape Paul VI l'éleva au rang de basilique mineure.

RIZAL MUSEUM AND LIBRARY

Ce musée abrite des œuvres récentes de peintres cebuanos (une centaine), des sculptures, des antiquités et quelques vestiges archéologiques. Des concerts ou des pièces de théâtre ont lieu dans le grand hall. Au rez-de-chaussée, la librairie Rizal Memorial propose des ouvrages intéressants concernant l'histoire et la culture cebuanos.

TEMPLE TAOÏSTE

Cet imposant temple témoigne de la présence d'une communauté chinoise importante implantée sur l'île depuis le XVIe siècle. Ces marchands se sont par le passé liés par mariages à l'élite espagnole, et, malgré les vicissitudes de l'histoire, nombre de leurs descendants sont donc toujours établis sur l'île. Situé dans le quartier de Beverly Hills – ainsi nommé car la population la plus fortunée de la ville y réside –, on accède au temple en prenant une Jeepney qui indique « Lahu Lahu ».

TOPS

Situé en haut de la colline Busay, Tops est un excellent point de vue sur Cebu City, les îles de Mactan et d'Olango. Le panorama de nuit est splendide.

Carcar

Carcar est sur le passage de tous les bus qui se rendent à Bato ou Moalboal, à 33 km au sud de Cebu. Les Jeepney s'arrêtent dans ce village niché dans la campagne, aux anciennes maisons à l'architecture traditionnelle espagnole. Pendant le festival en l'honneur de la sainte patronne Catherine d'Alexandrie (tous les 24 et 25 novembre), les résidents invitent leurs frères, cousins et amis, afin de partager un repas de fêtes qui traîne en longueur. Les visiteurs étrangers sont également les bienvenus. Les repas sont agrémentés de délicieuses spécialités populaires locales. L'église Sainte-Catherine d'Alexandrie, achevée en 1875, est à voir absolument, tout comme le dispensaire, de style colonial, très bien conservé.

Moalboal

Au sud-ouest de Cebu, avant l'île de Badian, se trouve le village de Moalboal. Les touristes se rendent en réalité trois kilomètres plus loin pour rejoindre la plage de Panagsama, qui s'allonge sur la côte, très connue pour son récif corallien et pour son célèbre sanctuaire marin. Cette localité est très prisée des plongeurs au budget serré car les tarifs y sont vraiment attractifs. On ne peut hélas plus parler de véritable plage tant elle a été colonisée par les hôtels bon marché. L'industrie de la plongée sous-marine envahit la plage depuis plusieurs années déjà, longtemps réputée comme étant la moins chère du pays. Une dizaine de centres se font concurrence. Les resorts et les restaurants se succèdent. Des histoires extraordinaires de plongeurs circulent. Dans cet endroit, les autochtones se font rares ; on y croise presque uniquement des Européens. Une bonne alternative pour aller se baigner et farnienter plus au nord est la plage de White Beach où l'on peut ici marcher sur le sable. Les Philippins préemptent le territoire durant les week-ends.

Matutinao

La jolie rivière de Kawasan et ses différentes chutes s'écoulent à Matutinao (15 km avant Moalboal quand on vient de Cebu. Le cadre est assez agréable pour y séjourner quelques jours, de préférence les jours de semaine, pour apprécier la tranquillité. Le week-end, les chutes sont fréquentées par de nombreux touristes locaux

Santander

Santander, propre et fleurie, tend les bras vers Dumaguete (10 km environ par la mer). Elle est située à la pointe sud de l'île (135 km au sud de Cebu City). Cette ville a déjà été couronnée plus belle municipalité de l'île de Cebu. La ville comprend dix *barangays*, dont celui de Liloan, charmant et très fleuri, qui borde une longue plage invitant aux loisirs et à la détente. Liloan est certainement l'un des plus beaux endroits de la partie sud. On peut explorer un magnifique jardin de corail (en face du resort Manureva). A vos masques et tuba ! Quelques clubs de plongée sont hébergés par les hôtels. A noter que des raies manta et des dauphins nagent souvent dans les eaux entre Cebu et Negros, juste en face de Santander.

Bantayan Island

Bantayan est une petite île tranquille et pas encore touchée par le tourisme de masse. On y vient pour ses belles plages de sable blanc et ses eaux translucides, son calme imperturbable et l'accueil de ses habitants : il faut se perdre dans l'intérieur des terres pour vivre de beaux moments de connivence avec les gens. On y vient donc pour se reposer... sauf pendant la semaine sainte ! L'île est alors littéralement envahie par des milliers de touristes philippins venus y faire bombance de cochon de lait à la broche ! En effet, on dit qu'en 1843 le pape Léon XII aurait émis une bulle autorisant les habitants de Bantayan à consommer de la viande lors du vendredi saint, en raison d'une pêche rendue délicate par les mauvaises conditions climatiques à cette période de l'année. Depuis lors,

Balade à moto sur l'île de Bantayan.

« semaine sainte » rime avec « semaine de la viande » à Bantayan !

Malapascua Island

Au nord de l'île de Cebu se trouve un petit paradis pour plongeurs, l'île de Malapascua (environ 4 000 habitants). Parfaitement inexploitée il y a encore peu de temps, elle a connu en quelques années un très rapide développement qui a presque failli lui nuire. Ce tout petit confetti aux belles plages de sable blanc n'a pas de routes pavées ; on s'y déplace à pied, les distances étant courtes – l'île fait en effet 3 km de longueur sur 1 km de largeur. Désormais quelques scooters sillonnent toutefois les sentiers. Cette île est connue des plongeurs car on peut y croiser très régulièrement une espèce de requin endémique de la région, le *thresher shark*.

© ARNAUD BONNEFOY

Le fameux tarsier de Bohol.

Île de Bohol

L'île de Bohol est un des fleurons des Philippines, toujours mise en avant par l'office de tourisme philippin. Célébrée pour ses « collines de chocolat » (curiosité géologique n'ayant rien à voir avec le chocolat) et le célèbre plus petit primate du monde appelé tarsier, elle est aussi connue pour ses belles plages et surtout la plongée que l'on pratique depuis la petite île de Panglao à laquelle elle est reliée par un pont. C'est également à Bohol que l'on trouve des exemples d'églises espagnoles datant de l'époque coloniale qui ont été bien préservées. L'intérieur de l'île mérite d'être parcouru pas seulement pour ses fameuses Chocolate Hills, mais aussi pour traverser de belles rizières, des plantations de canne à sucre, découvrir de belles rivières et d'impressionnantes chutes d'eau. Si l'on en a le temps, l'idéal est de combiner une visite de l'intérieur de l'île à un séjour plage et plongée sur l'île mitoyenne de Panglao.

■ CHOCOLATE HILLS

L'une des attractions touristiques les plus mises en avant aux Philippines. Ce sont en réalité 1 268 collines de 60 à 120 m de hauteur dont la végétation subissant la sécheresse des mois de décembre à avril donne une teinte chocolat à ces curiosités géologiques, d'où leur nom. Une légende voudrait que ces collines soient les larmes tombées des yeux d'un géant. Il faut donc monter au point de vue afin d'embrasser des centaines de ces petites collines. La vue est bien plus impressionnante évidemment par beau temps. A noter : le tour est vite fait quand même (1 heure sur place et c'est reparti !). Combinez donc la visite avec celle des tarsiers et de la Loboc River. Les bus partant de Tagbilaran mettent environ 2 heures à rejoindre la ville de Carmen (de 50 à 60 P). De là, il est possible de demander à une moto de vous conduire au point de vue. Pour les moins entreprenants, les hôtels et guesthouses peuvent arranger des excursions aux Chocolate Hills en voiture.

CLARIN ANCESTRAL HOUSE

Cette superbe bâtisse historique fut construite en 1840. Elle est typique de Bohol avec ses fondations en pierre de corail, ses murs et planchers en bois, ses hauts plafonds, ses fenêtres en capiz et ses grands toits obliques couverts de feuilles de nipa. L'ensemble est plutôt bien conservé et constitue un témoignage unique de la vie d'autrefois sur cette île. Maison-musée, on y verra des objets, livres et mobiliers d'époque. Prenez le temps de vous arrêter au Café Oligario, tout en bas. On y sert des spécialités du cru dans un cadre suranné bien agréable.

ÉGLISE DE BACLAYON

Elle se situe à 6 km de Tagbilaran et constitue la plus ancienne église de pierre du pays. Elle fut construite par les Jésuites en 1595 (certains historiens disent qu'en fait elle fut bâtie en 1717). Le soir, l'intérieur illuminé est superbe.

RIVIÈRE LOBOC

On peut embarquer pour une très belle descente en bateau le long de la rivière Loboc. Départ du pont de Loay, près de la ville de Loboc, à 21 km de Tagbilaran, pour voguer sur des eaux claires bordées de très belles cocoteraies. On aboutit bientôt aux petites chutes de Tontonan, où il est possible de faire trempette (il ne faut pas en attendre grand-chose quand même). Pas une excursion inoubliable, du genre « je la referai dans deux jours », mais un bon souvenir au final. Certains grands bateaux, bondés, mettent carrément de l'ambiance : on aime ou pas. A noter que les bateaux passent près de deux estrades où des communautés villageoises jouent de la musique en dansant. Un petit pourboire est toujours bienvenu... C'est là aussi (estrade la plus proche des chutes) qu'on peut acheter de petites guitares typiques à très bas prix.

La rivière Loboc à Bohol.

SAGBAYAN PEAK

Cet endroit offre également une belle vue sur les Chocolate Hills, les rizières et par beau temps sur la mer. La route qui y mène depuis Carmen est très belle (des transports publics font la liaison). Il faut bien se fixer sur la vue pour oublier les atroces constructions qui comprennent restaurants et discothèque à cet endroit. Le week-end, c'est bondé : les Philippins viennent y pique-niquer en masse. On n'apprécie pas beaucoup non plus les tarsiers en cage.

TOUR DE GUET DE PUNTA CRUZ

A Maribojoc, à 14 km de la capitale, s'élève cette tour de guet qui domine les mers de Cebu, de Siquijor et de Mindanao. Elle permettait de prévenir de la venue de pirates.

Île de Panglao

Deux ponts relient cette île à Bohol et permettent de profiter de ses belles plages et de superbes fonds sous-marins. La plage la plus connue est Alona Beac, qui s'étend sur 1,5 km. Elle n'est pas très propice à la baignade à cause des algues et des oursins qui la longent, mais le snorkelling y est plaisant. Les resorts et les restaurants s'y sont largement développés si bien qu'il est désormais difficile de s'y étendre, pas un mètre ne semble avoir échappé aux constructions. Mais il existe bien d'autres plages beaucoup plus tranquilles et épargnées par le flot de touristes. En dehors des activités nautiques, il peut-être agréable de découvrir l'intérieur de l'île, à moto notamment.

Alona Beach à Panglao.

Île de Balicasag

Cette île est la destination parfaite pour les plongeurs. L'île et ses alentours abritent un sanctuaire où vivent d'innombrables espèce. Les sites de plongée répertoriés sont très réputés et de classe mondiale. La zone a été déclarée sanctuaire maritime afin de préserver la biodiversité. La plupart des clubs de Bohol vont sur l'île de Balicasag pour plonger ; il faut compter 45 minutes de traversée pour l'atteindre. On peut toutefois séjourner sur l'île si on le souhaite.

Île de Pamilacan

Cette île et ses environs sont réputés pour l'observation des baleines et des dauphins. La pêche de ces espèces est interdite depuis quinze ans. La meilleure période pour les observer s'étend de mars à mai, même si les dauphins peuvent être observés toute l'année.

© ARNAUD BONNEFOY

Alona Beach à Panglao.

Île de Siquijor

Siquijor fut surnommée « isla de Fuego » par les Espagnols, parce qu'ils aperçurent de leurs galions une étrange lueur au-dessus de l'île. Il est raconté que cette lueur n'était autre qu'un nuage de lucioles. L'île, qui dépendait auparavant de Bohol, représente aujourd'hui la plus petite province indépendante, et ce depuis 1971. Elle s'étend sur une superficie de 34 250 ha et compte environ 90 000 habitants. Siquijor, la ville du même nom, est sa capitale. Il règne sur cette île une vraie douceur de vivre. La population y est accueillante : un havre de paix pour les voyageurs qui cherchent un endroit à l'abri des foules. On peut découvrir l'intérieur de l'île à moto notamment, y faire d'agréables promenades en forêt pour rejoindre de belles chutes d'eau et des grottes, mais également plonger car les sites de plongée sont ici nombreux. On n'oubliera pas le farniente, sur l'une des nombreuses plages de sable fin qui s'étirent sur les côtes de l'île. Les prix restent raisonnables car l'île est restée en dehors des circuits touristiques.

Les sorciers de Siquijor

Les Siquijodnons entretiennent le mystère qui plane sur cette île, fief de la sorcellerie et des rites vaudous. Les légendes, surtout racontées par les habitants superstitieux des autre régions des Philippines, sont multiples. Ceux-là, arguant de bizarreries, jurent ne jamais y mettre les pieds. Il s'y passe trop de choses étranges. Les pouvoirs magiques des Mananambals, guérisseurs par les plantes, sont pris très au sérieux. Chaque année, le jour du vendredi saint, les sorciers se réunissent vers San Antonio, un lieu sacré, au pied du pic central de l'île (le mont Badilaan : 550 m). Ils décident alors de la potion magique de l'année. Leurs mixtures secrètes à base d'herbes et d'essences sont dévoilées. Les rituels de la vengeance, toujours d'actualité, effrayent les superstitieux. « Wack wack » est le nom sous lequel se reconnaissent les sorciers.

CAMBUGHAY FALLS

Pour atteindre les chutes d'eau, se rendre à Lazi et prendre la route qui monte juste à côté de la station Caltex. A la fourchette, prendre à droite sur 700 m, puis à droite de nouveau et suivre la rivière jusqu'aux chutes. On laisse sa moto au parking et l'on peut descendre à pied jusqu'aux chutes pour se baigner. Ne pas laisser d'objet de valeur sans surveillance car des vols par des groupes d'enfants ont été rapportés.

CANTABON CAVE

Cette grotte fut découverte en 1985. Elle mesure environ 300 m de longueur pour 10 m de largeur.

PARC DU MONT BANDILAAN

On peut s'y rendre en empruntant la route intérieure qui relie Lazi à Larena ou celle qui relie Siquijor à Maria. Le mont Bandilaan est le point culminant de Siquijor à 628 m. Les paysages alentour valent le déplacement. A 6 km de là se trouve le village de San Antonio, célèbre pour accueillir durant la semaine sainte nombre de guérisseurs qui échangent leur savoir pour préparer potions et décoctions variées (moyennant finances bien entendu, compter dans les 500 P environ). La cérémonie du vendredi saint vaut le coup d'œil.

PLAGE DE PALITON

A 2 km au nord-ouest de San Juan, cette plage déserte est absolument splendide, baignée par des eaux cristallines. Pas un seul hébergement pour troubler la quiétude de l'endroit. Elle est à environ 1 km du village de Paliton ; demander son chemin aux habitants. Les plongeurs apprécieront les trois grottes sous-marines.

Île de Negros

L'île de Negros, morcelée par les nombreux lacs et sources qui assurent une abondante alimentation en eau, est la quatrième du pays en termes de superficie. Après dix ans de plan de développement économique, elle est sortie de la crise à sa manière. La canne à sucre est l'industrie la plus répandue de l'île et fournit plus de la moitié de la production totale de sucre du pays. Ce n'est pas pour rien qu'on surnomme Negros « le grenier de canne à sucre des Philippines ». Negros a une autre activité importante, la pêche, car sa vie marine est abondante.

Bacolod City

Avant l'arrivée des Espagnols en 1565, il existait un petit village près de la rivière de Magsungay, habité par des Malais appartenant au groupe tagailog. Les missionnaires placèrent le village sous la protection de saint Sébastien, ce qui lui valut le nom de San Sebastian de Magsungay. Aujourd'hui, le village est devenu Bacolod City, capitale de l'industrie sucrière du pays et de la province du Negros occidental. La plus grande ville de Negros se situe au nord, sur la côte ouest. Bacolod comprend environ 25 % de la population totale de la province (environ 500 000 habitants). Outre son activité industrielle tournée vers le sucre, la pêche est très développée. La création de céramiques et la fabrication du textile (*hablon*) sont la spécialité artisanale de la ville. Bacolod, entrée et miroir de la province, est aussi le point de départ pour l'ascension du superbe volcan Canlaon et la découverte du site de Mambucal et ses rivières.

■ CHAPELLE DU BARANGAY SANG VIRGEN

Elle est plus intéressante que la cathédrale San Sebastian, construite en 1876 dans le centre-ville (à côté de la place publique). Elle abrite une imposante mosaïque de 2,50 m x 6 m, composée de 95 000 coquillages aux tons colorés.

■ MARCHÉ (CENTRAL MARKET)

On y trouve des soieries et textiles originaux ainsi que des fruits à volonté : rambutans, mangosteens ou pommes…

■ MARCHÉ DE L'ARTISANAT

Il propose plein de céramiques, qui jouent un rôle prépondérant au niveau national. Le MDS est l'établissement pionnier dans le domaine. Anaware Ceramics appartient à Anita Feria, une femme d'affaires entreprenante. La fabrique peut être visitée. On peut acheter des céramiques aux Potteries at Pahanocoy, qui exposent des productions d'argile au sud du centre-ville (7 km).

■ NEGROS MUSEUM

Situé dans un ancien bâtiment agricole, ce musée agréable exhibe de vieux objets qui rappellent l'épopée de l'industrie de canne à sucre au XIXe siècle. On y expose aussi une collection internationale de poupées. On peut s'y arrêter boire un petit café.

Domaine de Mambucal

■ DISTILLERIE TANDUAY

Elle se trouve au milieu des champs de canne à sucre et produit le célèbre rhum national, numéro un aux Philippines.

■ RANDONNÉES DE MAMBUCAL

Elles consistent, entre autres, à remonter la rivière aux sept cascades, ponctuée de bassins d'eau fraîche pour la baignade. Au grand malheur des habitants qui s'évertuent à garder un lieu propre, les abords des bassins sont régulièrement décorés d'emballages de chips et de canettes de Coca. Plusieurs piscines, d'eau chaude ou d'eau froide, sont regroupées dans le bas des rivières. Des descentes en raft et en canoë-kayak sont deux nouvelles activités en projet.

■ VOLCAN KANLAON

Ce volcan en activité a deux cratères et 3 ha de crête. Il est la plus haute montagne de l'île de Negros, avec un sommet culminant à 2 465 m d'altitude au-dessus du niveau de la mer. Son parc national abrite diverses espèces d'oiseaux et une flore variée ; on y trouve notamment le fruit dove de Negros. Etant donné les risques d'éruption, on ne peut décider sur un coup de tête de faire l'ascension. Il faut organiser son périple. Le camp Guintubdan est un point de départ pour le trek jusqu'au sommet (242 m de dénivelé de la base du volcan jusqu'au cratère). Du sommet, la vue sur la province de Bacolod est superbe. Si le temps est au beau fixe, on peut voir toute l'île de Negros, les îles de Panay, de Siquijor et de Cebu.

Le grand lac entre les deux montagnes est quasi surnaturel. L'ascension peut démarrer dès la ville de Carlota. De Mambucal, il est préférable de commencer l'aventure en Jeepney. Pour obtenir le permis d'entrée du volcan, il faut se renseigner à l'office du tourisme de Bacolod, en relation avec l'Office of the Park Superintendent. Un nombre limité de marcheurs est autorisé à faire l'ascension chaque année. On entreprend ce trek de mars à mai ou d'octobre à décembre. A Mambucal, contactez l'Association de la montagne (Purok 5, Barangay Minoyan, Murcia) ; les guides qui vous accompagnent pendant deux nuits et trois jours vous font partager leurs connaissances des plantes. Le camping est très bien organisé. On peut trouver un guide par l'entremise du bureau du parc précité pour 500 P par jour au minimum.

Fruit du jacquier.

Sipalay

Cette petite ville équidistante de Bacolod et Dumaguete est surtout connue pour ses belles plages alentour et tout particulièrement le petit paradis de Sugar Beach, de même que la station de Punta Ballo dédiée à la plongée. La plupart des hébergements de la zone possèdent leur centre de plongée ou peuvent orienter les plongeurs vers des centres à proximité. C'est un lieu idéal pour les plongeurs de tout niveau qui souhaitent aussi profiter de sites qui sont parmi les plus beaux de Negros tout en jouissant d'un bel et calme environnement naturel.

Dumaguete

Dumaguete est dérivé du verbe *dumaguit*, qui veut dire « kidnapper », en référence aux anciens raids musulmans. Elle est établie comme ville en 1620, puis comme capitale de la province du Negros oriental en 1890. La ville est agréable et plus propre que la moyenne des villes philippines. Elle a la réputation d'être la plus calme et la plus verte des Visayas. En juillet 1982, elle obtint le titre de « First Class City ». Centre de la minorité protestante, sa population avoisine les 120 000 habitants, réputés pour leur gentillesse et leur hospitalité légendaires.

■ MUSÉE DE L'UNIVERSITÉ

A travers des photographies, des croquis et des objets d'artisanat, le musée relate la vie des premières tribus qui ont peuplé les îles de l'archipel et celle des tribus qui subsistent aujourd'hui. La vie des Atas, dans la forêt de Negros, ou des Bataks, dans la montagne de Palawan, est amplement détaillée ainsi que leur organisation quotidienne, leurs outils et instruments de musique. Une salle est réservée à l'archéologie ; une autre est consacrée à l'utilisation des herbes et des plantes médicinales, dévoilant les croyances des Philippins.

Bais

Bais est le mot visayan qui signifie « poisson allongé » (sorte d'anguille). Cette espèce aquatique particulière est devenue célèbre grâce à une incompréhension de langage, qui s'est produite quand les ingénieurs espagnols et gardes civils décidèrent de s'aventurer en bateau à voiles dans les environs de Dewey et d'Olympia. Ils rencontrèrent des pêcheurs de bais et les interrogèrent pour connaître le nom du village. Ces derniers, croyant qu'on leur demandait ce qu'ils pêchaient, répondirent en chœur : *bais*.

Bacong

Bacong se trouve à 6 km seulement au sud de Dumaguete. Le trajet est très rapide en Jeepney. Ce petit village s'étend sur la côte, à quelques centaines de mètres de la nationale. Derrière l'office de tourisme, la plage de Talisay est idéale pour la baignade avec ses eaux claires.

■ ÉGLISE DE BACONG

Elle se dresse à l'arrière de la plage. Construite en 1865, elle abrite un très ancien orgue, originaire de Saragosse en Espagne, achevé en 1894.

■ TAILLEURS DE PIERRE

Dans la foulée, vous pouvez rendre visite aux tailleurs de pierre, notamment de jade (qui provient de Mindanao). Des pièces sont à vendre dans le magasin qui jouxte l'atelier. Exposition artisanale : fossiles, accessoires et bijoux en pierre de jade.

■ TISSEUSES D'ABACA

Après la visite de l'église, vous pouvez admirer l'aisance des tisseuses d'abaca. L'atelier est régi par l'association Bacong Sinamay Weavers.

Valencia

Lors d'une balade vers les belles chutes de Casaroro, à Valencia, vous pouvez vous arrêter devant la relique symbolisant l'amitié philippino-japonaise, qui surplombe la vallée.

■ CHUTE DE CASARORO

Cette chute de 40 m de hauteur est superbe. La baignade est revigorante, avant de remonter les trois cent cinquante marches du retour. Casaroro est le nom du premier habitant de Valencia qui découvrit ces chutes. Dorénavant, il est possible de poursuivre la grimpette jusqu'à la chute du nom de Calamason, qui signifie « escalader ». Il y a peu, on ne pouvait l'atteindre qu'à l'aide des lianes et des rochers abrupts. Valencia est remplie d'une énergie salvatrice, don de la nature environnante. Grâce à la station thermale qui se trouve en dessous de Casaroro Falls, les habitants de la ville de Valencia ont l'électricité et l'eau en abondance et gratuitement.

© AUTHOR'S IMAGE

Femme de l'ethnie Bagobos au mont Apo.

De Dauin à Zamboanguita

Les hôtels combinés aux centres de plongée sont nombreux sur cette partie de la côte, point d'entrée idéal pour se rendre sur la petit île voisine d'Apo. Mecque des plongeurs, Dauin et son satellite Zamboanguita s'étirent le long d'une belle plage de sable noire. La petite ville de Malatapay accueille un grand marché très vivant et coloré où les pêcheurs viennent vendre leur poisson tous les mercredis.

Apo

Apo est une toute petite île qui ne couvre que 74 ha. Elle regroupe près de 400 familles. Ses habitants vivent essentiellement de la pêche. La vie, paisible, s'écoule en communion avec la nature sur ce petit paradis préservé. Devenu célèbre pour ses sites de plongée parmi les meilleurs des Philippines, les plongeurs viennent ici découvrir le Apo Island Marine Reserve and Fish Sanctuary, zone qui protège les eaux qui bordent Apo jusqu'à 300 m des côtes. Il faut s'acquitter de 100 P pour faire du snorkeling et de 300 P par jour pour plonger.

Île de Panay

A l'extrême ouest des Visayas, l'île de Panay se divise en quatre provinces : Iloilo, Capiz, Antique et Aklan. La partie ouest de l'île est très montagneuse et comprend le plus haut pic de Panay, le mont Madja-as, qui s'élève à 2 090 m d'altitude. L'agriculture et les industries locales, comme la fabrication des textiles à Iloilo, constituent une part importante de son économie. Les cultures majoritaires sont le riz, le sucre, les bananes, l'ananas, la noix de coco et l'exploitation de la forêt.

Iloilo

Iloilo est l'une des entrées de la région d'Aklan et de l'île de Negros, surtout pour ceux qui voyagent en bateau et qui viennent des autres îles du sud du pays. Capitale de la province du même nom, elle compte environ 420 000 habitants. On y parle le hiligaynon (pafois appelé ilonggo).

MIAG-AO CHURCH

A Miag-ao, située à 40 km au sud-ouest du centre-ville, cette église fut construite comme une forteresse en 1786. Elle fut déclarée point de repère national en 1973. Elle est inscrite sur la Liste de l'héritage mondial de l'Unesco.

Kalibo

Kalibo, la plus ancienne ville d'Aklan, est aussi la capitale de la province et compte environ 75 000 habitants. Elle se trouve à 160 km au nord-ouest d'Iloilo. On y parle l'akeanon (ou aklanon), une langue bien différente des autres sur Panay même ! En juin 2008, le typhon Fengshen a endommagé de nombreuses infrastructures.

Île de Boracay

Boracay est sans aucun doute l'île la plus touristique du pays, idéale pour le farniente. Ses plages de sable blanc immaculé baignées par des eaux bleues translucides invitent les touristes par milliers à venir profiter du paysage de carte postale en sirotant un jus de mangue. L'ambiance générale est festive, particulièrement en saison haute lorsque White Beach, la fameuse plage de la côte ouest est littéralement envahie. Les amoureux du lieu regrettent cet afflux de visiteurs qui tend à dénaturer l'île. Ses activités touristiques et ses infrastructures se développent de plus en plus vite, au détriment des espaces naturels, pour le confort des voyageurs qui arrivent du monde entier. Il n'en reste pas moins que les plages sont magnifiques, que l'on peut y être tranquille en basse saison et que les possibilités d'activités nautiques, le soleil et la baignade agréable sont de bons arguments pour décider d'un séjour sur la petite île qui reste paradisiaque.

BULABOG BEACH

Sur la côte est de l'île, beaucoup moins tape-à-l'œil que White Beach (compter 10 minutes à pied depuis le D'Mall), c'est la plage préférée des planchistes et des kitesurfeurs car l'endroit est très venté d'octobre à mai. La plage en elle-même n'est pas terrible (surtout à marée haute), par contre l'ambiance est beaucoup plus relax, jeune et sportive (surtout en saison).

Boracay, l'île du farniente.

© AUTHOR'S IMAGE

Boracay, l'île du farniente.

PUKA BEACH

Ne pas rater cette sublime plage complètement déserte où pas un seul hébergement n'est installé. On compte quelques petits restos quand même et des vendeurs de boissons fraîches. Le site est vraiment magnifique : une vraie carte postale ! Idéal pour une journée de total farniente et un pique-nique au calme (pensez à tout ramener avec vous). On s'y rend en banca en longeant les côtes de Boracay, ou en tricycle de White Beach (la route termine à Puka Beach).

WHITE BEACH

Cette plage est l'attraction première de Boracay. Elle s'étend sur 4 km, en longeant la côte ouest, entre le village d'Angol et celui de Balabag. Considérée comme l'une des plus belles étendues de sable au monde, elle est un trésor géologique national. Le sable, d'une blancheur éclatante, a une texture farineuse ; il semble avoir été passé et repassé indéfiniment au tamis. Les couchers du soleil y sont magnifiques ! On divise la plage en trois secteurs : la Station 1 regroupe les plus grands hôtels (la plage y est alors plus large), la Station 2 est le cœur de la station balnéaire avec hôtels, bars, restaurants, la Station 3 convient aux plus paisibles (petits hôtels, beaucoup moins de monde). Il est à noter que durant les mois les plus chauds, de février à mai environ, les algues vertes enlaidissent la plage. En outre, durant la basse saison, le vent impose aux hôtels de se « barricader » pour éviter d'être ensablés : d'immenses bâches longent la plage et, même si l'on peut aisément passer des hôtels à la plage, celle-ci perd un peu de son charme légendaire.

Mindanao

L'île de Mindanao, souvent qualifiée de noyau d'insurrections, offre une grande diversité culturelle et géographique. La vie animale sur terre et sous l'eau y est très variée, les sourires y sont chaleureux, les fruits exotiques très variés et les plages superbes. Cette île, la deuxième par sa taille, est un point de rencontre de différentes cultures, ethnies et religions. Certaines tribus originaires de Malaisie y vivent encore, s'enfonçant de plus en plus à l'intérieur des terres, dans les montagnes et les forêts. Les paysages de Mindanao sont changeants ; ainsi, les côtes de l'île se dessinent par de nombreuses baies et péninsules, tandis que l'intérieur des terres oscille entre plaines et montagnes.

Le Misamis Oriental

Cagayan de Oro

Le nom « Cagayan » provient du mot *kagayhaan* qui signifie « lieu de la honte » et qui fut nommé ainsi par les Bukidnons qui avaient eu l'impression d'être trahis quand le chef de leur tribu épousa une princesse de la tribu des Maranaos (que l'on peut rencontrer aujourd'hui encore), qui avait chassé, quelques années plus tôt, les Bukidnons de leurs terres. Le nom « Oro » a pour origine la découverte d'or dans une rivière non loin de la ville par les Espagnols. Cette ville d'environ 562 000 habitants est située au nord de Mindanao dans la baie de Macajalar et a une activité économique intense en raison de sa proximité avec les fameuses plantations d'ananas de Del Monte, dans la province de Bukidnon, qui s'étendent à perte de vue.

© AUTHOR'S IMAGE

Bongao, ville de la province de Tawi-Tawi.

Tagbilaran
Dau
Panglao
Larena
Siquijor
Lazi
Île Siquijor
Manille
Dapitan
Dipolog
Plaridel
Lopez Jaena
Calamba
Manukan
Katipunan
Oroquieta
MISAMIS OCCIDENTAL
Parc National du Mt. Malindang
Jimenez
Mt Malindang 2425 m
Sindangan
Ozamis
Liloy
Salug
Labason
Tangub
Tubod
ZAMBOANGA DEL NORTE
Aurora
Lala
Labangan
Kapatoga
Pagadian
Titay
Ipil
Kabasalan
Dumalinao
Karomata
Siocon
ZAMBOANGA SIBUGAY
Siraway
BAIE DE SIBUGUEY
Margosatubig
Dinas
Alicia
BAIE D'ILLANA
Dimataling
Tungawan
Mabuhay
Sibuco
Île Olutanga
GOLFE DE MORO
San Ramon
Île Sacol
Îles Pilas
Zamboanga
Fort Pilar
Détroit de Basilan
Isabela
Lamitan
Île Basilan
Maluso
Bohelebung
1011 m.
BASILAN
Îles Tapiantana
MER DE MINDANAO
SULU
Groupes des Îles Semales
Tongquil
Luuk
N
0 km
25
50
75
100 km

MER DE BOHOL
MER DES PHILIPPINES
Placer
Île Buvcas Grande
Socorro
Malimono
Mainit
Gigaquit
Lac Mainit
Kitcharao
Carrascal
Cantilan
Jabonga
AGUDAN DEL NORTE
Madrid
Mambajao
Tubay
Mt Hilong-hilong 2012 m.
Tandag
Catarman
Cadadbaran
Magallanes
Magsaysay
Nasipit
Talisayan
Buenavista
Butuan
Cagwait
Medina
Langonglong
Gingoog
Bayugan
Balingasag
MISAMIS ORIENTAL
Jasaan
Claveria
Lianga
Opol
Prosperidad
Tagoloan
Barobo
SURIGAO DEL SUR
Bugo
AGUSAN DEL SUR
Cagayan de Oro
Manolo Fortich
San Franciseo
Tagbina
Hinatuan
Impasugong
Parc National Kitanglad
Sanctuaire de Faune des marais d'Agusan
Bislig
Chutes de Limunsudan
Malaybalay
Mt Kitanglan 2938 m.
Sungko
Bancud
Trento
Marawi
Ramain
Mt Kalatungan 2865 m.
Valencia
Agusan
Boston
BUKIDNON
Tagum
Monkayo
Cateel
Maramag
Quezon
Compostela
DAVAO
Nabunturan
Baganga
New Corella
Dangcagan
Kapalong
Mawab
Kibawe
Sto. Tomas
Tagum
Maco
Caraga
Pulangi
Davao
Carmen
Panabo
COMPOSTELA VALLEY
Libungan
Carmen
COTABATO
Manay
Batbak
Kabacan
Magpet
Parc National Mont Apo
DAVAO
Pantukan
Matalam
ÎLE SAMAL
Pikit
Mati
Kidapawan
Mt Apo 2956 m.
Astorga
Kaputian
MAGUINDANAO
M'Lang
Makilala
Île Talikud
Sta Cruz
Lupon
San Isidro
Matanao
Tacurong
Buluan
Bansalan
Digos
Governor Generoso
1633 m.
Isulan
Lac Buluan
Mantanao
Padada
GOLFE DE DAVAO
DAVAO ORIENTAL
Malalag
Banga
Koronadal
Sta Maria
Surallah
Mt Matutum 2295 m.
Tupi
Malita
SOUTH COTABATO
Lac Sebu
T'boli
Polomolok
Malungon
Mt Busa 2083 m.
General Santos
DAVAO DEL SUR
Mt Parker 1842 m.
Alabel
Kiamba
Baie de Sarangani
Malapatan
Jose Abad Santos
Maasim
Sarangani
SARANGANI
Détroit de Sarangani
Île Balut
Île Sarangani
Mindanao

Mindanao septentrional

La région du Mindanao septentrional a une superficie de 14 000 km² et se trouve au nord de l'île de Mindanao. Elle compte quatre provinces qui sont celles du Misamis oriental, du Misamis occidental, de Camiguin et de Bukidnon. C'est une région peu urbanisée en dehors des grandes villes comme Cagayan de Oro, Ozamis ou Oroquieta. La forêt représente 62 % du territoire et contribue au développement économique de la région qui est grosse productrice de bois de construction. Les réserves d'eau y sont importantes et les cascades permettent l'alimentation des villes en électricité. Les 2,8 millions de personnes vivant dans la région parlent essentiellement le cebuano et le tagalog, mais on peut entendre certains dialectes encore utilisés par les ethnies et tribus y vivant. Cette région restée très sauvage réjouira les amoureux de la nature et des choses simples.

■ CHUTES D'EAU DE CATANICO

Les eaux tombent dans une piscine entourée de gros rochers. Il est déconseillé de s'y baigner en raison de la force des eaux.

■ GROTTE DE MACAHAMBUS

Macahambus est un nom local : *maca* signifie « grotte » et *hambus* veut dire « chuter du plus au point à la rivière ». C'est à cet endroit que se déroula la bataille du Macahambus Hill. Le 4 juin 1900, un affrontement eut lieu entre la tribu des Kagayanons et des soldats américains. On dit que c'est la première victoire des Philippins face aux Américains, au cours de l'insurrection philippine. Même si l'ouverture de cette grotte est large, l'intérieur est très sombre et des lampes torches sont indispensables. A l'intérieur, on a une vue sur la rivière de Cagayan, celle où jadis les Espagnols trouvèrent de l'or. En dehors de la saison des pluies, le niveau de l'eau est relativement bas et on peut se baigner dans sa piscine.

■ MUSEO DE ORO DE L'UNIVERSITÉ XAVIER

Inauguré le 6 juillet 1986 par la présidente Cory Aquino, ce musée présente une collection de nombreux objets des tribus de Mindanao, essentiellement des Bukidnons et des Manobos, mais aussi des Maranaos, de T'Bolis et Mandayas. D'autres objets issus de découvertes archéologiques y sont également exposés, notamment un squelette datant de l'ère néolithique, qui provient des grottes d'Huluga et des reliques de l'histoire espagnole. Un lieu de passage conseillé aux visiteurs qui s'intéressent à l'histoire de la ville, mais aussi à celle de Mindanao.

Malaybalay

Dans la petite capitale de Bukidnon, on peut rencontre des gens de la tribu des Manobos qui viennent en ville pour vendre du miel.

BAIE DE MACALAJAR

Située à 15 minutes du centre-ville, cette plage est célèbre pour son sable gris. La brise y est fraîche et la vue sur la baie est jolie. On peut demander à des pêcheurs moyennant 500 P de nous emmener sur des îles de sable et de coraux visibles uniquement à marée basse et qui sont idéales pour la pratique du snorkeling. Au coucher du soleil, on y voit beaucoup de pêcheurs sur des petites bancas.

CHUTES D'EAU DE MATIN-AO

Les environs de ces chutes d'eau sont très prisés pour les pique-niques par les habitants de Malaybalay. Des tables et des bancs sont installés et permettent de passer des moments agréables.

LAC DE PINAMALOY

C'est un petit lac où il fait bon passer quelques instants pour y faire un pique-nique en compagnie des pêcheurs.

MONASTÈRE DE LA TRANSFIGURATION

Situé non loin de Valencia, il n'y a aucun moyen de transports publics pour se rendre au monastère, le mieux est de louer un tricycle ou de marcher si vous aimez ça ! Le monastère se trouve sur les collines et, de là, la vue est superbe. Les moines y produisent du café que l'on retrouve d'ailleurs dans la glace *coffee crumble* de Selecta et des friandises à base de cacahuètes. Ils développent par ailleurs d'autres types de cultures comme celles du riz, du maïs, ou encore du soja. Le profit réalisé par la petite entreprise des moines est destiné à aider à la scolarisation des enfants d'agriculteurs, aux traitements médicaux. Les moines emploient par ailleurs des fermiers pour les aider. Il est possible de séjourner au monastère qui a seize chambres et une capacité de quarante-trois personnes. Les personnes sont bien entendu invitées à partager des instants de prière avec les moines.

Au large de l'île de Sitangkai, province de Tawi-tawi.

■ **PARC DE KAAMULAN**

Ce parc couvert de pins est parfait pour le camping et la pratique du rodéo. Il accueille parfois des fêtes provinciales, de Kaamulan la plupart du temps.

■ **PARC DE PINESVIEW**

Situé derrière la mairie de Malaybalay, il est souvent appelé le « Petit Baguio » en raison de ses nombreux pins.

■ **PARC NATIONAL DE KITANGLAD**

Situé à Impasugong, dans le centre nord de la province de Bukidnon avec ses douze montagnes, ses plantes et arbres médicinaux et ses variétés impressionnantes d'oiseaux (133 espèces dont 15 endémiques de Mindanao). Lieu très plaisant pour les amoureux de la nature et les marcheurs. Les plus courageux pourront gravir le mont Kitanglad, son massif montagneux le plus haut, culminant à plus de 2 900 m d'altitude.

Camiguin

Camiguin est une petite île que les habitants appellent aussi « Come Again », simplement parce que celui qui y a séjourné n'a qu'une envie : celle d'y retourner. La population, très accueillante et souriante, cherche toujours à rendre service aux visiteurs étrangers. Un peu partout, les enfants appellent les visiteurs « Hi, friend ! » qui veut dire « bonjour l'ami ! ». Si on mentionne le nom de Camiguin à un Philippin, il parlera sans hésiter des lanzones. En effet, Camiguin est connu pour avoir les lanzones les plus sucrés de tout l'archipel. Le festival des lanzones a lieu tous les ans à la même période, au moment des moissons, c'est-à-dire la troisième semaine d'octobre. Pendant le festival qui se déroule sur deux jours, on peut se joindre à la population et déguster sans fin ce fruit absolument délicieux.

■ **CHEMIN DE CROIX DU MONT DAAN**

C'est un lieu de promenade facile et accessible à tous. Ses treize stations sont charmantes tandis que la dernière est taillée dans la roche volcanique.

■ **CHUTES D'EAU DE KATIBAWASAN**

Situées à 6 km au sud-est de Mambajao, elles offrent un spectacle à couper le souffle. Ses eaux claires chutent de près 60 m de hauteur et se jettent dans une piscine naturelle entourée d'une végétation riche : orchidées sauvages, fougères, et autres composantes de la flore tropicale. Baigneurs et pique-niqueurs fréquentent cet endroit, surtout en été, en raison de ses eaux rafraîchissantes.

■ **CHUTES D'EAU DE TUWASAN**

Moins impressionnantes que celles de Katibawasan, mais tout aussi rafraîchissante.

■ **CIMETIÈRE ENGLOUTI**

Marqué d'une énorme croix blanche qui flotte sur un ponton, il se trouve près de Bonbon. Il est visible de la surface à marée basse. Un tremblement de terre en 1871 a submergé ce petit cimetière où il est désormais possible de plonger. L'église située à proximité a été ensevelie par les cendres de l'éruption du volcan Daan, qui signifie « vieux volcan ». Seuls le clocher et le château d'eau n'ont pas été entièrement recouverts.

■ GROTTES PRÉHISTORIQUES DE MAGTING

N'oubliez pas d'emmener avec vous un bon guide car l'entrée est très difficile à trouver ainsi qu'une bonne lampe torche. On dit de cette grotte qu'elle a des millions d'années. Des archéologues y ont d'ailleurs trouvé des squelettes humains et des outils primitifs.

■ MANTIGUE ISLAND

Appelée aussi Magsaysay, on peut la rejoindre depuis Binone et Mahinog. Elle est située au large de la côte est de Camiguin et abrite quelques familles de pêcheurs. Cette petite île a la particularité d'avoir un sable encore plus blanc que celui que l'on peut trouver sur White Island et ses fonds sous-marins sont rocailleux, ce qui en fait un lieu idéal à la pratique du snorkeling. Les habitants de l'île peuvent vous accueillir pour déjeuner et vous préparer du poisson grillé, des coquillages ou de la soupe.

■ MONT HIBOK-HIBOK

Situé non loin de Mambajao. La dernière éruption de ce volcan, qui est le seul encore actif de l'île, date de 1951 et a beaucoup endommagé la ville. A la suite de cette catastrophe qui tua près de 500 personnes et causa des pertes animales et végétales importantes, on installa un observatoire national appelé Philvolcs (Institut philippin de volcanologie et de sismologie), situé à 400 m sur le versant de la montagne et destiné à surveiller l'activité du volcan. Il est intéressant de s'attarder à l'observatoire avant d'atteindre le pied du volcan si vous souhaitez avoir des informations à propos des volcans et des séismes. Il est conseillé de le consulter avant d'envisager de gravir ce volcan et d'être accompagné d'un guide (votre hôtel pourra sans aucun doute vous orienter vers l'un d'entre eux). Avec ses 1 300 m de hauteur, il faut 6 heures pour arriver au sommet. C'est un véritable challenge pour les grimpeurs, mais après cet effort qui débute en douceur par des sentiers aménagés vous ne manquerez pas d'apprécier la vue magnifique sur la mer et la forêt, et plus loin les îles de Bohol, Siquijor, Cebu et Negros.

■ PLAGE DE KABILA

Sur Camiguin les plages sont de sable volcanique pour la plupart, et Kabila Beach est une exception. Kabila est la plus petite ville de pêcheurs de Camiguin et fait partie de la commune de Guinsiliban.

■ RIVIÈRE DE TUWASAN

Au nord-ouest de Catarman. On peut la remonter à pied au milieu de la forêt. C'est la rivière la plus sauvage mais aussi la plus calme.

■ SOURCE ARDENTE D'ESPERANZA

Chauffée par l'activité géothermique du mont Hibok-Hibok, c'est une petit piscine naturelle à 40 °C au milieu des arbres et des rochers. La municipalité de Mambajao a fait construire une petite structure hôtelière qui propose des bungalows, un dortoir et un restaurant pour les touristes. Il est possible d'y pique-niquer et d'y faire des barbecues.

■ SOURCE D'EAU CHAUDE DANS LA MER DE TANGUB

Elle se trouve à Tangub. Près de la plage de cailloux, il y a une source d'eau chaude. Il est amusant de sentir ce contraste entre l'eau « froide » de la mer et l'eau chaude de la source.

■ SOURCE FROIDE DE SANTO NINO

Egalement appelée Santo Niño Cold Spring, cette source se situe à 4 km au nord de Catarman. A certains endroits, la profondeur atteint les deux mètres. Disponible sur place : un espace de restauration, des petites échoppes et des sanitaires.

■ SOURCES ARDENTES

Appelées aussi les Ardent Hot Springs. Situées à 6 km au sud-ouest de Mambajao, les eaux descendent du mont Hibok-Hibok à une température avoisinant les 40 et 60 °C près de la source. Etant donné la température de l'eau, il est conseillé de ne pas excéder un temps de baignade de 20 minutes. Le mieux est de s'y rendre pour nager en tout début de matinée, juste après le lever du soleil ou tard dans l'après-midi. La baignade de nuit est possible pour ceux qui ont choisi de dormir dans le resort installé à proximité des sources : espace de restauration, dortoir et bungalows disponibles.

■ TOUR DE GUET DE GUINSILIBAN

Au sud de cette ville, on peut y voir une tour de guet vieille de 300 ans.

■ WHITE ISLAND

L'« île blanche » est un banc de sable de 300 m de longueur au plus bas de la marée et qui disparaît à marée haute. White Island se trouve à 2 km entre Agoho et les plages de Yumbing, juste derrière le mont Hibok-Hibok. C'est l'endroit idéal pour les bains de soleil et le snorkeling. Cependant, il est préférable de s'y rendre tôt le matin ou en fin de journée car il n'y a pas d'ombre sur ce banc de sable scintillant dans le bleu de la mer de Mindanao.

Le Misamis Occidental

Selon les locaux, « Misamis » a pour origine le mot subano *kuyamis* qui est une variété de noix de coco. Le Misamis occidental est une région située sur la pointe nord-ouest de Mindanao, entourée au nord-est par la mer de Mindanao, à l'est par la baie d'Iligan, au sud-est par la baie de Panguil et à l'ouest par Zamboanga del Norte et Zamboanga del Sur. En dehors des zones côtières où le terrain est plat, le reste de la surface est accidenté et montagneux. Les villes principales sont Oroquieta, la capitale qui s'anime en fin d'après-midi avec l'arrivée des pêcheurs, Ozamis, beaucoup plus animée qu'Oroquieta, et Baliangao. Parce que cette province est en bord de mer, il n'est pas surprenant d'apprendre que la pêche est la principale source de revenus de ses habitants.

Agusan del Norte

Agusan del Norte (ou Hilagang Agusan, en tagalog) se trouve au nord-est de Mindanao. La province, à l'embouchure de la baie de Mindanao, est entourée par les provinces de Surigao del Norte à l'est, du Misamis oriental à l'ouest, d'Agusan del Sur au sud-est et la baie de Butuan au nord. Sa surface est de 70 800 ha ; elle est composée de quarante-trois barangays et elle compte environ 350 000 habitants. La zone nord-est et ouest de la province est montagneuse. La rivière d'Agusan se fraye un chemin dans les plaines centrales et continue jusqu'à travers Butuan. C'est la troisième rivière la plus longue du pays. Le mont Hilong-Hilong, qui fait partie des chaînes de montagnes de Diwata à la limite entre Surigao del Norte et Surigao del Sur, culmine à 2 012 m d'altitude.

Butuan City

On dit que Butuan, la capitale d'Agusan del Norte, est le lieu où s'installa la première colonie aux Philippines et ce fut dans cette ville qu'eut lieu la première messe catholique. On y découvrit d'ailleurs, à la fin des années 1970, le plus ancien bateau des Philippines, le Balangay, une sorte de grande banca qui prouve bien cette théorie. Villa ancienne, Butuan est dotée d'une riche chronologie historique. Sa culture et ses traditions remontent au XVIe siècle. A partir du Xe siècle, la population de Butuan avait établi des échanges avec le sud du Vietnam (appelé à l'époque, le « Kingdom of Champa »). Un siècle plus tard, elle devient le centre des échanges commerciaux des Philippines (trafic de l'or et de la canne à sucre). Plusieurs hypothèses se présentent au sujet de l'origine du nom de la ville. Cette recherche préoccupe en permanence les Philippins. Butuan viendrait du nom d'un fruit aigre ou plutôt du nom d'un *datu*, le premier chef qui aurait réglementé la ville. L'ancien président Fidel V. Ramos choisit la ville de Butuan, en 1995, comme capitale de la région de Caraga. C'est une ville dont le port et le marché sont très animés.

■ ARBRE CENTENAIRE BITAUG

Il se trouve à hauteur de Caloc-an, près de la ville de Magallanes, et est âgé de plus de 150 ans. Il est habité par des milliers de lucioles qui, une fois la nuit tombée, éclairent les pêcheurs. Il est possible de les voir de près : il suffit de demander à un pêcheur de vous y emmener.

■ BALANGAY SHRINE

Le Balangay Shrine est le superbe vaisseau maritime qui fait partie de la zone de fouilles située à 5 km à l'est de Butuan, entre l'aéroport et le centre-ville. Là sont conservés les restes du premier watercraft appelé *balangay* et maintenant plus connu sous le nom de « bateau Butuan ». Ce bateau de type d'Asie du Sud, tout en bois, ressemble à une grande pirogue à balancier. Il daterait de 320, soit plus de 1 680 ans. Les pièces qui le constituent sont attachées ensemble à l'aide d'une robuste corde. Les énormes planches de bois mesurent 15 m de longueur et 3 m de largeur.

■ CASCADE DE TOGONAN

Elle est petite mais très jolie et est entourée de végétation.

■ CROISIÈRE SUR LA RIVIÈRE AGUSAN

Le département de tourisme peut vous organiser une croisière sur la rivière à la rencontre de la tribu des Manobos qui vit sur des bateaux aménagés en maisons. La rivière d'Agusan traverse Butuan. C'est d'ailleurs la plus large et la plus longue rivière navigable de Mindanao et la troisième rivière du pays. Striée par les nombreux affluents – Wawa, Gibong, Simulao, Maasam, Adgawan, Camayan, Ihaoan –, elle s'écoule au milieu de la vallée d'Agusan, de Davao del Norte au sud, à Agusan del Norte au nord, où elle se jette dans la baie de Butuan. Sur cette rivière, il est fréquent de rencontrer des traînes de troncs d'arbres accrochés les uns aux autres et acheminés lentement vers Butuan, où ils sont utilisés pour faire du papier. Le bois de construction fut pendant longtemps le moteur économique de la ville. Depuis que le gouvernement a interdit l'exploitation massive des forêts, la culture de coco, destinée à la production de coprah, fait office de substitut.

■ LAC MAINIT

Mainit est un mot cebuano signifiant « chaud ». Plan d'eau de 17 000 ha situé entre les provinces d'Agusan del Norte et Surigao del Norte, le lieu est resté assez sauvage. En été, il est possible de prendre de belles photos des nénuphars et autres fleurs d'eau entre lesquelles nagent des canards.

■ MÉMORIAL DE MAGALLANES

Il a été érigé en 1872 par le gouverneur Maria Caravello en commémoration de la célébration de la première messe à Mindanao, le 8 avril 1521.

■ MUSÉE DE LA VILLE

Avec son lagon artificiel et son joli jardin, le musée préhistorique, historique et culturel est divisé en deux galeries : un hall archéologique (silex, métaux, poteries, cercueils) et une salle d'ethnologie qui présente des outils contemporains locaux utilisés par les Butuanons, ainsi que des costumes traditionnels des tribus environnantes. On y explique la fabrication du tuba, le vin traditionnel à base de noix de coco.

■ MUSÉE NATIONAL

Il est composé de deux galeries principales. Les sections préhistoire, archéologie et ethnologie donnent un aperçu intéressant sur les communautés culturelles de la région, les Manobos, les Mamanwas, les Higaonons et les Butuanons des plaines. Il y a aussi une collection de céramiques, d'ornements d'or et d'arts anciens.

■ MUSÉE RÉGIONAL

Il est administré par le site archéologique inauguré en août 1978. En 1974, pendant l'opération de drainage de la rivière Agusan entreprise par le bureau des travaux publics à l'intérieur de la ville, on a découvert des vestiges archéologiques : culture néolithique, techniques de pêche antiques et instruments de la vie quotidienne des habitants qui sont exposés maintenant. Le musée met en avant la culture des habitants du Misamis occidental et oriental, d'Ozamis, de Tangub, de Cagayan de Oro, de Camiguin, de Bukidnon, de Surigao del Norte, d'Agusan del Norte et d'Agusan del Sur.

PLAGE DE TINAGO

Elle appartient à de nombreux petits propriétaires. Vous pouvez y louer des huttes et passer quelques moments de détentes.

PLAGE DE VINAPOR

Un site charmant au milieu de cocotiers et autres plantes tropicales.

Agusan del Sur

Terre des Agusanons, multiethnique et culturelle, c'est la province la plus importante de la région de Caraga. Elle est située au-dessous de la ville de Butuan. Elle s'étend sur environ 896 550 ha, entre Surigao del Sur à l'est, le Misamis oriental et Bukidnon à l'ouest, avec une densité de près de 60 habitants par kilomètre carré. Comprenant quatorze municipalités, elle a pour capitale administrative Prosperidad. La province est arrosée par la rivière Agusan et ses affluents, et entourée de montagnes et de forêts. Son sol très fertile est riche en ressources naturelles et en matières premières. L'activité principale est l'agriculture. Les cultures de bananes et d'abacas sont abondantes comme la production d'huile de palme et de caoutchouc. Cinq tribus peuplent la province : les Aetas, les Mamanwas, les Bagobos, les Banwaons et les Higaonons (deuxième plus grande communauté culturelle d'Agusan del Sur).

San Francisco

San Francisco est une petite ville au cœur de la province, qui comprend plus de 60 000 habitants. Elle s'étend entre Prosperidad, la capitale d'Agusan del Sur, et le village de Bunawan, l'entrée du marais d'Agusan Marsh, sur plus de 24 000 ha. Cette ville n'est pas touristique. Peu de voyageurs s'y arrêtent ; ils la traversent généralement dans le bus qui file tout droit, en direction de Davao. Quelques auberges sont dispersées, plus habituées à voir débarquer quelques touristes locaux. San Francisco est typique, avec son grand marché central entouré de bijouteries informelles où l'or est le matériau précieux principal. Le mont Diwata domine la ville. Un programme de reforestation du Department of Environment and Natural Resources (DENR) entretient l'environnement de la montagne devenue une aire protégée par le gouvernement.

CHERCHEURS D'OR

En venant ou en allant au mont Diwata, il est intéressant de s'arrêter sur la route, entre le pied de la montagne et la ville de San Francisco, à la Gold Processing, l'usine de traitement de l'or. La fabrication de l'or fin est destinée à la transformation en divers bijoux vendus autour du marché de San Francisco à des prix raisonnables. Cette société existe depuis 1981. Une centaine de sacs de pierres arrivent chaque jour par camion, du barangay Sinug-Ang-Bauygans (situé à 33 km) pour en extraire 90 % d'or. La pierre est pilée dans ce qui est appelé le *rod mill*, puis traverse des tubes et est mixée avec de l'eau. Il faut attendre six heures avant de percevoir le mercure. 30 % d'or se trouve dans le mercure, acheminé ensuite vers la raffinerie, puis vers San Francisco à la banque centrale de Davao.

FABRIQUE DE PIERRES

On utilise différents types de pierres pour créer des objets en pierre qui servent à décorer les maisons et les bureaux.

FERME DES COQS

En allant prendre des informations auprès de l'office du tourisme provincial, vous pouvez en profiter pour rendre visite aux coqs. La ferme se situe à côté du Capitole, à Patin-ay, Prosperidad (trajet en tricycle). L'élevage se trouve dans le jardin du bureau du vétérinaire. Ces coqs survitaminés et nourris deux fois par jour sont destinés à être vendus pour combattre dans les arènes. Un coq d'environ un an et demi est vendu aux alentours de 3 000 P tandis qu'un coq de 8 à 11 mois environ 5 000 P.

MONT DIWATA

On peut y accéder en marchant ou en habal-habal, une sorte de moto qui peut accueillir cinq personnes. Le mont Magdiwata, ou Diwata, surnommé la « montagne mystique », s'élève à environ 600 m d'altitude. A ses pieds, une source d'eau potable alimente les habitations de San Francisco ; en outre, une piscine naturelle est aménagée sommairement. Il est possible de camper à cet endroit. Cette montagne, qui couvre 1 658 ha, abrite une forêt luxuriante et de nombreuses variétés d'animaux et de végétaux tropicaux comme des orchidées sauvages et des oiseaux rares : philippine flying fox, rufous hornbill et philippine hanging parakeet. Le pic offre une très jolie vue de la vallée d'Agusan et de ses provinces voisines. L'ascension du mont Diwata ne demande pas trop d'efforts ; elle se fait en une journée (aller-retour). Les sources d'eau chaude et d'eau froide dans la forêt se trouvent à 4 km de la nationale Maharlika.

La Plaine Inondée d'Agusan Marsh

A quelques kilomètres de San Francisco, le village de Bunawan ouvre ses portes sur le fabuleux marécage d'Agusan Marsh, confiné au centre du bassin de la rivière Agusan, là où se rejoignent les différents affluents. Cette immense étendue de terres humides constitue une nouvelle destination écotouristique. La grande plaine inondée sillonnée par de nombreuses rivières et des ruisseaux représente la plus grande et la plus sauvage étendue de Mindanao. Elle est composée de sept lacs et couvre plus de 26 000 ha, dont 19 000 sont déclarés aire protégée. 60 % des habitants d'Agusan Marsh sont des minorités ethniques, notamment « les seigneurs des marécages », les Manobos, groupés dans la partie ouest. Ces nomades vivent dans des maisons en bois et en bambou construites sur d'énormes troncs d'arbres qui, aussi incroyable que cela puisse paraître, leur permettent de flotter. Chaque année, à la saison des pluies, quand le lac déborde, ils se déplacent à bord de leurs maisons flottantes. Pendant la saison sèche, elles sont fixes au bord de l'eau.

Surigao del Norte

Le Surigao del Norte, dont la superficie avoisine les 2 740 km^2, est situé au sud du golfe de Leyte. A l'est, on y trouve l'océan Pacifique, à l'ouest, la province d'Agusan del Norte et enfin, au sud, la province de Surigao del Sur. La province est abondamment arrosée par les pluies de juillet à septembre, mais ne subit pas aussi sévèrement les typhons comme le reste du pays. Des centaines d'îles aux alentours font partie de cette province située à l'extrême nord-est de Mindanao dont la capitale est Surigao City.

Surigao City

Surigao City est peu visitée par les touristes. Le principal centre de communication de la province et son port ainsi que son marché sont très animés. On peut pourtant y pratiquer de nombreuses activités, comme la spéléologie, les sports nautiques ou bien se promener en bateau dans les mangroves.

■ COMPLEXE DE MAHARLIKA

De là, le visiteur a une vue panoramique sur le détroit de Surigao, qui est le lieu où se déroula la bataille du Détroit de Surigao pendant la Seconde Guerre mondiale. Ce détroit est connu pour être un cimetière de bateaux de guerre qui ont sombré pendant la bataille.

■ GROTTE DE SILOP

La grotte est constituée de quatre chambres, dont la centrale a une taille impressionnante. Il y a 12 entrées différentes pour y accéder.

■ PLAGE D'IPIL

Située non loin de la ville, elle est connue pour ses galets et est exploitée par le Lions Club.

■ VILLAGE FLOTTANT DE DAY-ASSAN

A 30 minutes de la ville. Surnommé la « Venise de Surigao », ce village regroupe près de 1 800 habitants. Le visiteur appréciera l'aspect pittoresque des maisonnettes en bois sur pilotis, élevées au-dessus d'une eau peu profonde. Les petites embarcations des pêcheurs passent sous les maisons.

Siargao Island

L'île Siargao est une destination surtout pour les surfeurs. Depuis Dapa, la ville principale, une petite route mène vers le sud-est de l'île à General Luna, là où sont construits la majorité des hébergements, près des belles plages de sable blanc.

Siargao Island, Surigao del Norte.

En continuant environ 3,5 km plus loin, vous arriverez à Could 9 (Nine) : un spot de surf très fréquenté où l'on organise des compétitions. Pour ceux qui préfèrent la marche, l'intérieur des terres est constitué d'une forêt assez dense avec quelques cascades, et des mangroves riches en faune sont accessibles sur la côte ouest de l'île.

■ FORÊT DE PALÉTUVIERS

Elle se trouve près du village de Pilar (à l'est de l'île) et donne le sentiment d'être un de ces aventuriers qui savent vivre en harmonie avec la nature.

Guyam Island

Elle se trouve près de General Luna. Généralement très photographiée en raison de ses trois palmiers en son centre, ainsi que pour sa plage de sable blanc.

Dako Island

Très appréciée pour le paysage idyllique qu'elle offre. Elle est un de ces petits coins de paradis dont on rêve tous : une plage de sable blanc et des cocotiers dont l'ombre est plus qu'agréable.

Dinagat Island

Elle est longue d'environ 50 km et offre de belles promenades. L'eau turquoise qui l'entoure est d'une clarté qui fait rêver. Beaucoup de familles de pêcheurs peuplent cette île, et la côte nord-est est très pittoresque. Elle est par ailleurs très appréciée des plongeurs. Des bateaux relient Surigao à Dinagat très régulièrement mais sans heure fixe. En effet, les boatmen attendent que le bateau soit plein avant d'entreprendre la traversée. Dans les environs de l'île, la grotte de Buenavista (à moins d'une heure de Dinagat, reliée tous les jours par bateau) sur l'île de Hikdop fait le bonheur des amoureux des grottes, tandis que l'île de Bayagnan est reconnue pour ses mangroves et surtout les nombreuses espèces animales qu'elles abritent.

Surigao Del Sur

Située sur la côte est de Mindanao, cette province longe l'océan Pacifique. Elle est entourée de celle de Surigao del Norte au nord-ouest, celle du Davao oriental au sud-ouest et celles d'Agusan del Norte et d'Agusan del Sur. Son littoral irrégulier, proche de la faille pacifique, est exposé à des vents violents. Tandag est la capitale de Surigao del Sur, peu peuplée et peu touristique en raison du peu d'intérêt qu'elle présente. Son accès est d'ailleurs assez restreint puisqu'il n'y a pas de liaison directe depuis Manille ou Cebu.

■ MANGKANGAGI ISLAND

Plages de sable blanc magnifiques et plusieurs grottes.

■ MONTAGNES DE PUNTA TUGAS

Situées non loin de Carrascal, elles constituent une des plus grandes réserves de minerai de fer de l'hémisphère. Depuis les sommets de ces montagnes, on a une vue panoramique sur l'océan Pacifique.

Davao et sa région

Située au sud-est de Mindanao, bordée par la mer de Célèbes au sud et le golfe de Davao à l'est, Davao est considérée comme la deuxième plus grande ville du monde en termes de superficie et de capacité économique. Divisée en huit districts, elle couvre 244 000 ha (43 % de terres cultivées, 7 % de forêts, 10 % de zone urbaine) et abrite plus d'un million d'habitants (19 % de la population totale du sud de Mindanao) de différentes origines et parlant le dialecte cebuano.

Les plantations d'abacas sont nombreuses, comme celles de maïs, de riz et de café. L'exportation de fruits et d'orchidées se développe. Réputée pour sa grande variété de fruits exotiques, la ville est surnommée « la corbeille de fruits des Philippines ». On y trouve aisément des lanzones de Camiguin, des mangosteens, des star apples, des pamplemousses et des bananes. Davao est aussi la ville du durian, le roi des fruits, qui ne pousse que dans cette région. D'après de nombreux voyageurs, « il a l'odeur de l'enfer, mais le goût du paradis ». Ce fruit est vendu très cher à Manille. Le mois de septembre est désormais déclaré « mois du durian ». Un festival en son honneur est organisé chaque année.

Parc national de la Montagne Sacrée

Le mont Apo est certainement l'un des sites les plus excitants du sud de Mindanao. La plus haute montagne des Philippines est un volcan qui atteint 2 954 m d'altitude. Sa base réunit les provinces de Davao del Sur, Cotabato del Norte, Bukidnon et Agusan del Sur. La montagne est au cœur du Mount Apo National Park, un des plus grands parcs du pays, qui s'étend sur 72 800 ha. Ce parc national à la beauté mystique possède une faune et une flore merveilleuses et il est jalonné par des rivières de soufre, des cascades et des lacs. En raison de sa situation élevée, une grande diversité de plantes abonde, notamment l'orchidée waling-waling, ou *Vanda sanderiana*, célèbre dans le monde entier. Ce parc est l'un des plus riches jardins botaniques du sud de l'Asie. La forêt abrite, entre autres espèces animales philippines, l'aigle philippin.

Kidapawan

Cette ville est la capitale de la province de Cotabdo. Son nom signifie « le printemps sur les hauts-plateaux ». Elle est très prisée par les touristes qui en ont fait un point de dfépart pour l'ascension du Mont Apo. Un festival y est organisé au mois d'août chaque année pour célébrer les fruits exotiques.

Davao del Norte

Le lieu le plus connu de la région de Davao del Norte est l'île de Samal (dont le nom complet est Island Garden City of Samal) qui se trouve dans le golfe de Davao. Elle représente un haut-lieu touristique et l'on y trouve d'ailleurs d'excellents resorts qui attirent ceux qui aiment la plage, la plongée sous-marine et plus particulièrement les épaves, les grottes et les chutes d'eau. Au nord de cette région, il y a celle d'Agusan del Sur, à l'est le Davao oriental, à l'ouest Bukidnon et au Sud Davao del Sur ainsi que le golfe de Davao.

Sa superficie avoisinant les 8 130 km² en fait la septième province du pays par sa taille. Cette région est caractérisée par des zones montagneuses à l'est et à l'ouest et des plaines au centre. Sa trentaine de rivières la traversant la rend propice à l'agriculture. Il n'y a pas réellement de saison des pluies et les typhons y sont très rares. Sa capitale est Tagum, une ville entourée par les plantations de bananes dont les produits dérivés sont exportés dans le monde entier.

Tagum

Elle est très peu connue des visiteurs et les infrastructures pour les accueillir sont encore très peu nombreuses. Les environs de la ville présentent néanmoins quelques sites intéressants.

CENTRE DE DÉTENTION

Il présente de nombreuses attractions comme un jardin botanique, son lac, un petit zoo, une forêt ainsi que des plantations de citrons et de bananes.

de riz.

MINES D'OR DE DIWALWAL

Ce lieu fera le bonheur des amateurs d'aventure. Il n'y a pas si longtemps encore, les hommes atteints par la fièvre de l'or s'y battaient avec le *bolo*, une sorte de poignard traditionnel pour l'amour d'une femme. La situation est plus calme aujourd'hui.

PLAGE DE TAGNANAN

Sa plage de sable blanc et son jardin de corail en font un endroit idéal, pour prendre un bain de soleil, s'adonner au snorkeling ou à la plongée sous-marine.

La vallée de Compostelle

Cette zone faisait autrefois partie (jusqu'en 1998) de la province du Davao del Norte et est aujourd'hui indépendante. Elle se situe à plus de 67 km au nord de la ville de Tagum et est très peu connue des touristes et très appréciée des voyageurs aventuriers. Elle est habitée par la tribu des Mansakas et la faune y est aussi diverse qu'abondante. Au nord de la vallée de Compostelle se trouve Agusan del Sur, à l'ouest Davao del Norte et à l'ouest et au sud-ouest le golfe de Davao. Le relief y est très diversifié et se compose aussi bien de plaines que de montagnes à l'est. Il n'y généralement pas de saison des pluies marquée. La capitale est Nabunturan et se trouve à moins de trois heures de route de Davao City.

CHUTES D'EAU DE MIGUM

Elles offrent un spectacle splendide.

CHUTES D'EAU FROIDE DE BARONG SILANG

Elles se trouvent au milieu d'une faune et d'une flore très variées. On peut ainsi y voir des cochons sauvages, le maral (une sorte de chat sauvage) et le tarsier, le plus petit primate du monde, ainsi qu'une grande variété d'orchidées.

■ **COMMUNAUTÉ DES MANSAKAS**

Ils ont su préserver leur propre culture, et ce malgré le fait qu'ils vivent au contact de catholiques. Leurs danses, leurs instruments de musique et leurs bijoux font leur particularité.

■ **FERME DIZON**

On y cultive des pomelos qui sont traités chimiquement avant d'être mis en cageots puis expédiés à Manille par bateau.

■ **GROTTES DE LAAK**

Elles n'ont jamais été réellement explorées, même par la population locale. Explorer les sept se révélera être un véritable challenge pour les spéléologues.

■ **GROTTES DE MAHAYHAY**

Elles sont peuplées de serpents (inoffensifs, naturellement). Avis aux amateurs de grands frissons ! En s'y rendant en bus, vous verrez de très beaux paysages.

■ **LAC LEONARD**

Il est habité par de nombreuses espèces de papillons très colorés.

■ **PARC NATIONAL DE MAINIT**

Il attire de nombreux visiteurs en raison de sa piscine alimentée par des sources d'eau chaude et des sources d'eau froide. On dit même que ses eaux sulfureuses ont des vertus curatives.

Samal Island

Cette île est devenue la premièredestination touristique de la région de Davao. Le visiteur y trouvera en effet tout ce dont il a envie : des plages de sables blanc, des sites propices à la plongée, une végétation luxuriante, des grottes et des cascades, mais aussi des décors pittoresques comme des villages de pêcheurs chrétiens et musulmans. Même si la plupart des habitants vivent de la pêche, certains cultivent encore la perle.

■ **BURIAS ISLAND**

A la limite de Maputi et Puntalinao. Sa superficie est inférieure à 1 ha. On y trouve beaucoup de coquillages sur la plage de coraux, ce qui en fait un endroit idéal pour pique-niquer et nager.

■ **CAP DE SAN AUGUSTIN**

Entre Mati et Governor Generoso. Il offre une vue panoramique sur la mer et son phare où l'on peut voir les pêcheurs en plein travail sur leurs petites bancas.

■ **CASCADE DE HAGUIMIT**

Ses eaux font une chute de 15 m jusque dans la rivière.

■ **CASCADE DE PUTING BATO**

Elle se trouve en pleine forêt et ses eaux font une chute de 25 m de hauteur.

■ **CHUTES D'EAU D'ALIWAGWAG**

Considérées parmi les plus belles de Mindanao. Elles se trouvent à Barrio Aliwagwag, à Cateel. Il y a plusieurs petites cascades, dont une en particulier beaucoup plus haute que les autres.

■ **GROTTE DE TALICUD**

Elle est constituée de deux grottes séparées par de petites galeries qui sont habitées par des pythons géants. On dit même que l'un des tunnels souterrains traverse le golfe de Davao.

■ **PARC PUBLIC DE KAPUTIAN**

Il a une plage de sable blanc, des eaux turquoise et des coraux multicolores.

■ **PLAGE DE KAPUTIAN**

Elle a non seulement une plage magnifique, mais ses eaux sont bleu turquoise et les coraux non loin de là sont un abri pour un grand nombre de poissons.

■ **PLAGE DE SAN LUIS**

Etendue de sable noir encerclée d'arbres centenaires.

■ **PLANTATION DE CITRONS DE MENZI**

Elle fait 250 ha et ne produit pas seulement des citrons, mais aussi des mangues et des noix de cajou.

■ **PUJADA ISLAND**

Ile privée située dans la baie de Pujada. Elle est idéale pour la pratique de la plongée puisqu'on peut y voir des requins, des dugongs, des dauphins et une multitude d'autres espèces de poissons.

■ **SAGAY ISLAND**

Idéale pour les amoureux des plongées profondes où l'on peut observer de gros prédateurs des mers. Cependant, un bon niveau de plongée s'impose en raison des courants violents parfois présents. Pensez aussi à vous entourer d'un divemaster qui connaît bien le lieu.

■ **TALIKUD ET LIGID ISLANDS**

Lieux parfaits pour s'adonner à la plongée sous-marine et au snorkeling. On peut y rencontrer des baleines, des dauphins et des dugongs.

General Santos

General Santos fait partie de la région de Socsksargen qui réunit les trois provinces : Soc = South Cotabato, Sk = Sultan Kudarat, Sar = Sarangani et Gen = General Santos. La baie de Sarangani est riche en thons et autres ressources marines. L'industrie de la pêche en fait l'une des plus grosses productrices de poissons, après Metro Manila, représentant une moyenne de 300 à 400 tonnes de poissons récoltées par jour, dont plus de dix tonnes de thon. Les meilleurs sashimi au thon se trouvent à Gensan.

■ **MAHARLIKA BEACH**

Cette plage au sable volcanique est longue et parsemée de cottages ouverts pour pique-niquer. Très agréable avec sa piscine d'eau de source naturelle. Sports aquatiques proposés.

■ **MONT MATUTUM**

Il domine la région de Socsksargen (2 293 m), dans le sud de Cotabato. Etendu sur 13 500 ha, cet ancien volcan n'est plus actif. Les randonneurs l'apprécient beaucoup. Le point de départ est la municipalité de Tupi, située à une demi-heure de General Santos. Compter de 8 à 10 heures de marche depuis sa base.

■ **MONT PARKER**

Agréable à grimper. Moins haut, il culmine à environ 1 800 m d'altitude. Il est situé au sud-ouest du Sud-Cotabato. Pour des treks organisés, il faut se renseigner auprès du service de tourisme, dans l'hôtel de ville de General Santos.

■ PLANTATION D'ANANAS

La plus grande plantation d'ananas se trouve à une vingtaine de kilomètres du centre-ville. Pour la visite de la plantation, il faut demander une autorisation au préalable. Pour s'y rendre et voir les gigantesques champs d'ananas, il suffit de prendre la Jeepney signalée « Dole Cannery », en face du terminal du Yellow Bus, sur la National Highway. Il faut s'arrêter au village de Polomolok, puis prendre un tricycle jusqu'à la plantation, dans le barangay Dole. 60 % de la récolte est destinée à l'exportation.

■ PORT DE PÊCHE

Le retour des pêcheurs dans la baie de Sarangani est un souvenir inoubliable. Dès 6h, sur la plage qui fait office de petit port de pêche, en face du marché public, les pêcheurs débarquent leurs marchandises, en alternance. Quelques-uns viennent de passer des semaines à la limite des eaux indonésiennes. Ils transportent sur les épaules d'énormes thons, pesés puis testés. Les meilleurs sont exportés au Japon pour les fameux sashimis. En 1996, la production a été évaluée à 8 548 tonnes de thon. L'animation bat son plein entre 7h et 9h. Les commerçants du marché s'activent, ça grouille dans tous les sens. Les acheteurs ou les opérateurs commerciaux (quarante-sept au total) comptent et évaluent à toute vitesse pendant que les pêcheurs déambulent avec leurs paniers chargés de différentes variétés de poissons. Près de 300 tonnes de poisson par jour, en moyenne, sont débarquées dans le port, distribuées immédiatement à travers le pays et vendues à la population locale ou exportées à l'étranger, ou encore destinées au marché public de General Santos. Le port fait travailler 25 000 pêcheurs et entretient 5 000 gros bateaux de pêche à balancier multicolores. Un port de pêche, le Fish Port Complex, a été fondé par la Overseas Economic Corporation Fund (OECF) et le gouvernement des Philippines. Sa réalisation a coûté 33,3 millions de dollars. Installé dans le barangay Tambler, il est destiné à faciliter la tâche des pêcheurs et à organiser le commerce. Très moderne, il comprend 383 m de quai (alimenté par l'eau courante), avec un espace de congélation et de réfrigération d'une capacité de 1 500 tonnes de poisson, ainsi qu'un hall de 4 000 m² pour la vente. La liaison au marché public sera en revanche moins évidente.

Lanao del Norte

La province de Lanao del Norte est entourée par la baie d'Iligan au nord, la province de Bukidnon à l'est, la baie de Panguil et Zamboanga del Sur à l'ouest et par Lanao del Sur et la baie d'Illana au sud. Beaucoup de rivières traversent cette province, mais la plus importante est la rivière Agus qui alimente les chutes d'eau de Maria Cristina. Les pluies sont abondantes toute l'année dans la région et les températures douces, avec une moyenne de 26 °C. Iligan et Marawi, séparées par seulement 30 km, sont très différentes l'une de l'autre : Iligan est à prédominance catholique tandis que Marawi est presque exclusivement musulmane.

Iligan

Cette petite ville de plus de 308 000 âmes est la capitale de la province de Lanao del Norte. Elle est le pôle industriel du sud des Philippines. Iligan est entourée de montagnes dont découlent de nombreuses cascades (environ une vingtaine) et, entre autres, les fameuses chutes d'eau de Maria Cristina alimentées par la rivière Agus : c'est le seul cours d'eau provenant du lac Lanao qui fournit la ville et ses environs en électricité.

CATHEDRAL FALLS

Elles se trouvent à Kapatagan et ont été nommées ainsi car la roche le long de laquelle les eaux coulent rappelle étrangement les formes d'une cathédrale.

DODIONGAN FALLS

A 14 km d'Iligan. Les eaux viennent se jeter dans une piscine encerclée par la végétation. C'est un lieu parfait pour nager et se reposer au calme.

LIMUNSUDAN FALLS

On dit que cette cascade est la plus haute des Philippines avec ses 250 m de hauteur. Un lieu très impressionnant.

MARIA CRISTINA FALLS

Cette cascade est la plus importante de la ville qui en compte tout de même vingt. Souvent appelée « la mère de l'industrie » ou « la tête du progrès », avec ses 100 m de hauteur, elle représente un véritable atout au développement de l'économie de la ville et l'électricité nécessaire à son activité ainsi qu'aux villes et villages des environs.

MIMBALUT FALLS

Elles font moins de 30 m de hauteur, mais ses eaux claires en font un endroit idéal pour la baignade.

TINAGO FALLS OU SANTA CRUZ WATERFALLS

Plus facilement accessibles que les chutes d'eau de Maria Cristina, la cascade se termine par une piscine entourée par la forêt tropicale humide. C'est la propriété privée du resort Tinago Residence Inn. Il y a une piscine et un mini-zoo.

Marawi

Tandis que les petites églises d'Iligan disparaissent au loin, on voit apparaître les mosquées de Marawi avec des femmes marchant dans les rues la tête couverte. Cette petite ville se situe entre les montagnes et en bordure du lac Lanao qui est le lac le plus haut des Philippines puisqu'il s'étend à plus de 700 m au-dessus du niveau de la mer ; c'est aussi le deuxième plus grand par sa taille avec ses 350 m². Ce lac est d'origine volcanique et certains disent qu'il est en fait le cratère d'un volcan.

Le lac Sebu

Au nord de General Santos, le lac Sebu est le fief de la culture primitive des ethnies b'laans et t'bolis. Le lac, composé de huit îlots, est envahi par les cultures de tilapias et encerclé par des communautés de pêcheurs. Les enfants qui habitent les îlots se rendent à l'école en barque ou à bord de troncs d'arbres creusés dans leur longueur.

Les T'Bolis, de culture animiste, sont environ 60 000 dans la région du Sud-Cotabato et vivent à 900 m d'altitude. Ils organisent des combats de chevaux, sur le même principe que les combats de coqs, avec paris dans une ambiance électrique. Deux étalons se battent pour une femelle, c'est toujours la même histoire ! Les femmes des tribus réalisent de lourdes ceintures à grelots et des bracelets de clochettes qui décorent le poignet et la cheville. Les habits traditionnels sont en tissage t'nalak, confectionnés à la main, à base de fibres d'abaca.

Zamboanga

Bruyante et mouvementée, exotique et exubérante, la ville de Zamboanga dégage une atmosphère très différente des autres villes de Mindanao. L'influence islamique y est très prononcée. La religion musulmane y est plus présente qu'ailleurs. Le mélange des cultures espagnole et musulmane surprendra agréablement les amateurs d'art et d'histoire. L'origine de son nom est donnée par les Malais : Jambangan signifie « Cité des fleurs ». Plus tard, les Samals et les Badjaos arrivent à bord de leurs *vintas* (bateaux à voile carrée, très colorée, que l'on peut admirer pendant les festivals) et la rebaptisent « Samboangan », car *sabuan* est le nom de la perche qu'ils utilisent à marée basse pour pousser leur bateau. Ses industries principales sont tournées vers la fabrication de l'huile de coco et la pêche au thon.

■ MUSÉE DE ZAMBOANGA

A 10 minutes du City Hall. Le musée renferme un superbe bateau en bois sculpté, le *lepa*, habitation des Samas, ces pêcheurs qui vivent sur la mer et qui ne descendent sur la terre que pour vendre leur poisson et se ravitailler en fruits et légumes.

■ TALUKSANGAY VILLAGE

Ce village sama expose de majestueux et pittoresques minarets colorés de rouge, qui surplombent un lagon. Pêche et culture d'algues marines. Une ferme de culture de perles se trouve non loin du village sur pilotis.

■ VILLAGE DE RIO HONDO

A 200 m du fort Pilar, le camp musulman (Campo Muslim) est repérable à son dôme argenté. Marchez encore un peu pour atteindre Rio Hondo, qui signifie « rivière profonde ». Le village est entièrement bâti sur pilotis, au-dessus de 23 ha de mangrove. A marée haute, les maisons sont reliées par des passerelles en bois. Le règlement interne est institué par le gouvernement. L'entrée s'effectue par le pont de bois sur le rio Hondo, qui délimite le village.

Le marché de Zamboanga.

VILLAGE DES TISSERANDS YAKANS

Les Yakans, originaires de l'île de Basilan, sont considérés comme les plus fins tisserands du pays. Une semaine est le temps moyen pour réaliser un mètre carré de tissu. On peut les admirer et juger de leur aisance à la tâche. Ce type d'artisanat est très cher dans le reste du pays, c'est donc une occasion de faire ses emplettes. D'autres objets traditionnels, des gongs en bronze et gadgets tissés, sont en vente.

Dipolog

Dipolog est la capitale de Zamboanga del Norte et compte 108 000 habitants. On y cultive le riz et le maïs. Cette petite ville agricole couvre 13 630 ha. L'industrie de bois, de rotin, de céramique et de métal y est importante. Les dialectes visayans sont cebuanos, tagalogs et anglais. Le dialecte original subanon est encore utilisé chez les indigènes des environs de Dipolog.

COGON JUNGLE

Il se situe, comme son nom l'indique, dans le barangay Cogon, à environ 25 km de Dipolog. Cette épaisse forêt couvre 300 ha. Elle est préservée par le gouvernement pour maintenir un équilibre écologique. Pour des escapades, il faut se renseigner au premier étage de l'hôtel de ville (City Hall, au bureau du tourisme).

LAC DUMINAGAT

A 20 minutes du barangay Lake. Il y a six ans, cinq familles se sont installées autour de ce mystérieux lac, un lieu naturel où ils cultivent modestement de petites parcelles de culture d'ail, de patates douces, de choux et de sayutis, les délicieuses cristophines. Amy et sa famille vous accueillent dans leur modeste maison et vous préparent des repas à base de légumes et de maïs, très simples mais très sains. Le café est préparé avec du maïs grillé. Ils pêchent des congres et des carpes dans le lac. Des légendes pèsent autour de ce lac très profond. Des chercheurs américains avaient envoyé des plongeurs, qui n'ont jamais pu atteindre le fond et qui ne sont jamais remontés à la surface. Ces disparitions font encore jaser dans la région.

PIC LINAO

Pour avoir un aperçu de Dipolog et de ses environs, nous vous recommandons d'escalader les trois cents marches qui mènent au pic Linao (460 m d'altitude seulement). Un beau point de vue sur Dapitan et Dipolog vous attend. Une chapelle, au sommet, vous invite au recueillement. Au pied du pic, on peut se rafraîchir à la source Balintawak, à côté de laquelle une aire de camping est aménagée (à 5 km du centre-ville).

TULAWAN VILLAGE

C'est un village original subanon, situé le long de la rivière Dipolog (à 6 km du centre-ville). Ses habitants transportent leurs marchandises par la rivière, pour les acheminer à la ville. Tous les samedis, ils se tiennent prêts pour le marché aux légumes et fruits frais. Il est très agréable de louer une barque pour remonter le fleuve. On rencontre les travailleurs de la rivière qui plongent et replongent pour récupérer les graviers, au fond, qui vont servir à faire du ciment. Les sacs de gravillons sont vendus une bouchée de pain à la ville.

Ethnie T'Bolis autour du lac Sebu.

Pense futé

Électricité

220 V, 60 Hz. Dans les provinces, on trouve essentiellement du 110 V. Prévoir une prise d'adaptation aux prises de courant de type américain. Les coupures d'électricité, appelées *brown out*, ne sont pas exceptionnelles. Une lampe électrique est donc utile.

Formalités

Exception faite des personnes apatrides et de celles dont le pays d'origine n'a pas de relations diplomatiques avec les Philippines, tous les visiteurs munis d'un passeport en cours de validité (valable 6 mois encore après la date de retour) et d'un titre de voyage pour l'étape suivante (billet de sortie) peuvent séjourner 21 jours dans le pays sans visa. Les visas et permis d'entrée sont délivrés par les ambassades et consulats sous 48 heures, pour une durée de 59 jours pour les citoyens français. Il est possible de renouveler son visa une fois sur place au service de l'immigration, situé dans Intramuros à Manille ou dans la ville de Cebu par exemple (mais aussi à Palawan, Mindanao, etc.). Le coût est de 3 030 P pour passer de 21 jours à 59 jours.

Langues parlées

Les Philippines sont certainement un des pays d'Asie où l'anglais est le mieux parlé et par une très grande majorité de la population, résultat de cinquante années de tutelle américaine. La quasi-totalité

© AUTHOR'S IMAGE

Visages d'enfants à Boracay.

des Philippins parlent couramment l'anglais. Il est plus ou moins bien parlé dans toutes les régions et par toutes les couches de la population. Ce langage administratif est appris dès l'école primaire. L'espagnol, jadis la langue de l'élite, n'est plus pratiqué aujourd'hui. On le trouve sous forme de dialecte chavacano dans le sud, vers Zamboanga. On le surnomme l'espagnol cassé. Le tagalog forme la base de la langue nationale ; le filipino est parlé par 94,4 % des habitants. Le visayan est la seconde langue locale, parlée par 25 % des Philippins, dont 2,5 % parlent le cebuano et 5,6 % parlent l'ilonggo.

Quand partir ?

La meilleure période pour voyager aux Philippines est généralement de novembre à février. Ces mois sont souvent les plus frais et permettent d'éviter les dangers et les imprévus liés à la saison des typhons. Cependant, en décembre et en janvier, il peut pleuvoir sur la côte est. Les températures s'élèvent de 20 à 28 °C. Mars, avril et mai, qui constituent l'été aux Philippines, sont également propices au tourisme, mais sont très chauds. En mai, les températures atteignent couramment les 35 à 40 °C à Manille durant la journée et descendent rarement en dessous des 27 °C la nuit. La saison des pluies débute de plus en plus tard ; néanmoins, les averses sont fréquentes voire quotidiennes de juin à novembre, ce qui rend la découverte des Philippines moins agréable à cette époque de l'année.

Marché aux poissons et fruits de mer de Manille.

Santé

Hygiène alimentaire

Dans de très nombreux pays et en particulier aux Philippines, l'eau est le principal ennemi du voyageur. statistiquement, un voyageur sur deux est touché par la turista aux cours des 48 premières heures, et 80 % des maladies contractées en voyage sont directement imputables à une eau contaminée. La plus grande prudence s'impose donc. Il ne suffit pas d'éviter de boire de l'eau du robinet : les glaçons, les aliments lavés avec de l'eau impure ou le brossage des dents avec de l'eau du robinet sont des vecteurs de contamination. Achetez alors si possible des bouteilles d'eau capsulées.

Soleil

L'abus de soleil est dangereux pour votre peau. A court terme, les coups de soleil et autres allergies solaires ne sont pas bien gênants, mais à long terme trop de soleil, c'est un vieillissement accéléré de la peau avec ses conséquences, éventuellement cancer de la peau. Ne pas s'exposer pendant les heures les plus chaudes et mettre de l'écran solaire dès que l'on est au soleil.

Moustique

Tous ne s'attaquent pas à l'homme. Toutefois, 300 espèces aiment volontiers à se nourrir à notre détriment et une centaine d'espèces sont vectrices de maladies, parfois graves. Aussi, quelques règles de prévention sont bien utiles : utiliser des produits répulsifs. Le soir, couvrir les jambes, les avant-bras, le cou, dormir sous une moustiquaire, etc. La climatisation, dont sont pourvus la plupart des hôtels des grandes villes, contribue également à repousser les agressions de moustiques. Aux Philippines, les habitants hébergent volontiers des petits lézards friands de moustiques !

Scène de vie sur la rivière Loboc à Bohol.

Sécurité

Voyager aux Philippines ne comporte pas de risque particulier. Les vols y sont peu nombreux, cependant il faut garder avec soi ses objets de valeur et papiers d'identité ou bien les laisser à la réception de l'hôtel si celui-ci dispose d'un coffre, tout particulièrement à Manille. De manière générale, malgré la rareté des vols, la décence veut que l'on n'exhibe pas ses liasses de billets, son caméscope numérique ou son superbe téléobjectif aux yeux de tous, sauf si c'est pour leur en faire profiter ! En vous rendant à Mindanao, vous devez savoir que vous prenez quelques risques car certaines zones comme Zamboanga sont considérées comme le fief de certains groupes armés qui n'hésitent pas à kidnapper les Européens tout comme les Philippins pour exiger des rançons contre la libération de leurs otages. Cette zone mis à part, le reste des Philippines ne pose pas de problème particulier et certains quartiers de Manille sont gardés comme des forteresses. En arrivant, vous serez en effet surpris de voir des gardiens devant chaque building ou lieu public qui vérifieront le contenu de votre sac.

Index

A - B

C

D - E

F - G

H - I

M

N - O - P

Q - R

S - T

V - W - Z

PENSE FUTÉ

Notes

docu1 idées :
-filmé dans un bateau

AUTEURS ET DIRECTEURS DES COLLECTIONS
Dominique AUZIAS & Jean-Paul LABOURDETTE

DIRECTEUR DES EDITIONS VOYAGE
Stéphan SZEREMETA

RESPONSABLES EDITORIAUX VOYAGE
Patrick MARINGE, Morgane VESLIN
et Caroline MICHELOT

RESPONSABLE CARNETS DE VOYAGE
Jean-Pierre GHEZ

EDITION ✆ 01 72 69 08 00
Julien BERNARD, Pierre-Yves SOUCHET
et Caroline MICHELOT

ENQUETE ET REDACTION
Arnaud BONNEFOY, Cécile FERRI, Dorothée HAAR,
Solène KHY, Fanny DUMONT et Sophie PAUMARD

MAQUETTE & MONTAGE
Sophie LECHERTIER, Delphine PAGANO, Julie BORDES
Élodie CLAVIER et Laurie PILLOIS

CARTOGRAPHIE
Philippe PARAIRE, Thomas TISSIER

PHOTOTHEQUE ✆ 01 72 69 08 07
Robin BEDDAR

RELATIONS PRESSE ✆ 01 53 69 70 19
Jean-Mary MARCHAL

DIFFUSION ✆ 01 53 69 70 68
Éric MARTIN, Bénédicte MOULET, Aissatou DIOP
et Alicia FILANKEMBO

DIRECTEUR ADMINISTRATIF ET FINANCIER
Gérard BRODIN

RESPONSABLE COMPTABILITE
Nicolas FESQUET assisté de Jeannine DEMIRDJIAN,
Oumy DIOUF et Christelle MANEBARD

DIRECTRICE DES RESSOURCES HUMAINES
Dina BOURDEAU assistée de Sandra MORAIS
et Léa BENARD

■ CARNET DE VOYAGE PHILIPPINES 2013-2013 ■
NOUVELLES ÉDITIONS DE L'UNIVERSITÉ©
Dominique Auzias et associés©
18, rue des Volontaires - 75015 Paris
Tél. : 33 1 53 69 70 00 - Fax : 33 1 53 69 70 62
Petit Futé, Petit Malin, Globe Trotter, Country Guides
et City Guides sont des marques déposées ™®©
© Photo de couverture : AUTHOR'S IMAGE
ISBN - 9782746974326
Imprimé en France par KORYO – 92240 Malakoff
Pour nous contacter par email, indiquez le nom de famille en minuscule suivi de @petitfute.com
Pour le courrier des lecteurs : country@petitfute.com

Achevé d'imprimer en 2013